Otto J. Schöffl

Reisen ist Leben
wie Leben Reisen ist

Reisen ist Leben wie Leben Reisen ist

Meine Lebensreise
Geschichte des Reisens
Warum reisen wir
Enge und weite Heimat
Sprüche und Sprichwörter über das Reisen

Gesammelt und geschrieben
von
Otto Schöffl

Edition Dichtermühle

1.Auflage 2010

Copyright by Edition Dichtermühle
E & O Schöffl,2020Hollabrunn, Waldweg 37
schoeffl.dichtermuehle@aon.at

Satz und Layout: Dr. Otto Schöffl

Herstellung und Verlag:
Books on Demand GmbH, Norderstedt
ISBN 978-3-8391-1671-5

Inhaltsverzeichnis

Meine Lebensreise
Das Wandern ist des Müllers Lust

Geburt – Reise ins Leben - gleichsam mit dem
Fruchtwasser. Komplikationen bei der Hausgeburt.
Die Hebamme musste den Arzt rufen. Dieser gab
mir keine allzu große Chance. Die Liebe meiner
Mutter, der Müllermeisterin, half mir doch zu über-
leben.
Mit neun Monaten konnte ich bereits laufen. Meine
Welt wurde allmählich größer. Ich unternahm Rei-
sen durch das ganze Haus und durch den großen
Garten, am liebsten aber zum sich drehenden Müh-
lenrad, dessen Wasserrauschen und Tosen mir ge-
fielen.
In der Kindergartenzeit, ich besuchte den "Ernte-
kindergarten" der Kriegszeit nur einen einzigen
Tag, dann drückte ich mich mit Hilfe von Tränen
vor der ungeschickten Hilfskindergärtnerin, die uns
Kinder mittags im abgedunkelten Raum einschlä
fern wollte, reiste ich bereits im Dorf umher. Mein
Radius wurde größer. Ich wurde zum Greissler Ein-
kaufen geschickt oder schlich mich in die Kirche.
Die Volksschulzeit brachte schon größere Reisen.
Nach der Schule wurden die Schultaschen hinter
dem Schulhaus auf einen Haufen geworfen, und wir
Buben durchstreiften die dörfliche Freiheit. Bezeich-
nender Weise heißt ja die Gesamtheit aller Häuser,
Felder, Wiesen, "Roseldorfer- oder Stoitzendorfer
Freiheit." Wir kannten jeden Kirschbaum, wussten
wann und wo die besten Äpfelbäume standen. Die

Schmida, der hauseigene Mühlbach und wir waren wie Spielkameraden. Im Winter beim „Zacherlfahren" - Flitzen auf einem Holzbrett mit Kufen auf dem zugefrorenen Bach - im Sommer zum Baden. Wir Kinder bauten aus Papier Schiffchen, die wir
auf große Reisen schickten, zur Donau, zum Schwarzen Meer, in die Ozeane.
Erst bei angehender Dunkelheit schlichen wir heim und nahmen die Schimpfe der Mütter oder Väter in Kauf. Meine Mutter steckte mich oft ohne Abendessen ins Bett mit der Drohung, mich sehr früh zu wecken, damit ich noch meine Hausaufgaben schreiben könnte. Meist steckte mir unser mitleidiges Dienstmädchen aber noch etwas Essbares ins Bett.
Um mich von der Straße und den anderen Buben weg zu locken, musste ich bereits mit sieben Jahren in einem Frauenkloster Klavierspielen lernen. Das hieß, ich musste täglich eine Stunde übend am dunkelbraunen Flügel sitzen und einmal die Woche mit dem Rad in die Nachbarortschaft zur Klavierstunde fahren. Also jede Woche eine Radreise von acht Kilometern!
Statt der Klaviernoten legte ich mir jedoch in den Übungsstunden heimlich Lesestoff auf den Flügel. Ich reiste mit Gulliver zu den Riesen und zu den Zwergen,...
Mit zehn Jahren brachte man mich in eine Klosterschule samt angeschlossenem Internat. Jetzt war es mit Reisen vorbei! Nur in Gedanken reiste ich oft weit weg. Die Ferien wurden wieder reichlich ge-

nutzt. Ich hatte ja so viel Leben, Reisen,... nachzu-
holen! In manch stiller Stunde stahl ich mich heimlich zum Wasserrad, wo ich meine Sorgen, mein
Heimweh und Fernweh, dem Tosen des Wassers
anvertrauen konnte.

Mit 16 Jahren meldete ich mich in den Ferien als
Erzieher für Wiener Jugendliche in einem Kärntner
Erholungsheim. 15 Buben und Mädchen zwischen
12 und 14 Jahren hatte ich zu bändigen. In jugend-
licher Ungestümtheit unternahm ich abenteuerliche
und gefahrvolle Reisen mit fast Gleichaltrigen, über-
raschender Weise ist nie etwas Schlimmes passiert.
Oder doch: Ein vierzehnjähriges Mädchen hat sich
in mich verliebt, und sie wurde von der Heimleitung
vorzeitig heim geschickt. Warum sie und nicht ich?
frage ich mich heute noch. Wahrscheinlich brauchte
man meine Kräfte noch für meine Jugendgruppe.

Mit 19 Jahren fuhr ich als Student mit einem
Freund auf dessen Lohner- Roller nach Schweden.
Es war damals fast Studentenmode, in das reiche
Schweden zu reisen, um dort Geld zu verdienen.
Ein aufregender Sommer! Abenteuerliches Reisen
ohne zu wissen, wo man am Abend schlafen, ob
und wo man Arbeit bekommen wird, um wenig
stens Essen kaufen zu können. Trotzdem oder ge-
rade deswegen viele interessante Begegnungen,
Bekanntschaften, Erlebnisse.

Mit 24 Jahren, nach dem Studium, endlich im
Beruf! Endlich ein kleines Auto Marke Simca 1000
und damit Bewegungsfreiheit! Viele Reisen...!
Eine abenteuerliche Partnerin geehelicht! Die un-
vergessliche Hochzeitsreise ans Meer in einer unbe-

schwerten Zeit. Nicht lange. Nach und nach kamen drei Kinder an. Ein Wohnwagen, um trotz wachsender Familie ganz Europa bereisen zu können! Jetzt, in der Pensionszeit, mindesten drei bis vier Monate im Jahr in allen Erdteilen unterwegs! Meine Reisen von Mühle zu Mühle an verschiedenen Bächen, um zu erforschen, was aus den alten Mühlen wohl geworden sein mag.

Wie heißt es in einem Lied der Kinderzeit? "Das Wandern ist des Müllers Lust". Ich bin zwar kein Müller, sondern Pädagoge geworden, bin jedoch in einer Mühle als Sohn einer Müllermeisterin und eines Gärtnermeisters aufgewachsen. Das Wasser hat mich auf meiner Lebensreise nie wirklich los gelassen: Ein Bade-Rondo in der Gärtnerei zum Schwimmenlernen für mich als Kleinkind. Ein Badeteich in der Jugend. Ein Lagerplatz am Schotter teich für die wachsende Familie. Später ein Zweithäuschen am Stausee. Ein Biotop an der elterlichen Mühle. Reisen an Seen und Meere. Später Kreuzfahrten am offenen Meer. Anlässlich meines 70. Geburtstages „In 70 Tagen rund um Afrika"gereist. Der Liedtext der Kinderzeit hat mich stets begleitet und mir den Weg durch meine Lebensreise gewiesen:

Das Wandern ist des Müllers Lust, das Wandern.
Das muss ein schlechter Müller sein,
dem niemals fiel das Wandern ein.

Vom Wasser haben wir´s gelernt, das Wandern.
Es hat nicht Ruh´ bei Tag und Nacht,

ist stets auf Wanderschaft bedacht,
Das sehn wir auch den Rädern ab, den Rädern:
Die gar nicht gerne stille stehn,
die sich bei Tag nicht müde drehn.

Die Steine selbst, so schwer sie sind, die Steine,
sie tanzen mit den muntern Reih´n
und wollen gar noch schneller sein.

Oh Wandern, Wandern meine Lust, oh Wandern.
Herr Meister und Frau Meisterin,
lasst mich in Frieden weiter ziehn.

Reisesprüche von Elisabeth Schöffl-Pöll

Aus „Zeiten-Sprünge"

Lebens"erfahrung" kann verständlicherweise nur jenem bescheiden sein, der nicht stehen bleibt.

So langweilig oder interessant wie du selber bist, offenbart sich dir des Fremden Stadt.

Das Durchdrehen des Drehzahlmessers ist oft die Folge des Durchdrehens des Autolenkers.

Der Brauch des Reisens lässt erspüren, was man zu Hause tatsächlich braucht.

Wenn alle reisen, interessiert sich niemand für Urlaubsfotos.

Urlaub:Die reichen Facetten des Lebens einfangen.

Wohnungen sind die Innereien eines Landes.

Reisen sollte nicht zum Fallnetz oder zum Fangnetz, sondern zum Sprungnetz werden.

Reisen sind Ampeln auf Grün auf der Lebensfahrt.

Was nützt ein reichhaltiges Angebot an Heimaten, wenn man nicht fähig ist, es anzunehmen?

Heimat passt sich in der Regel der Größe des Menschen an.

Geschichte des Reisens

Bereits seit der letzten Zwischeneiszeit, seit etwa 40.000 Jahren, haben bei uns nachweisbar Menschen gelebt. Sie waren Reisende. Aus Asien und dem Nahen Osten sind sie gekommen. Eingewandert auf den Spuren der Wildtiere, die ihnen als Nahrung dienten. Sie müssen sehr geschickte Jäger gewesen sein, um mit dem Fleisch der erlegten Tiere die langen Winter zu überdauern. Mit Steinwerkzeugen erlegten sie Tiere, die sie dann in Höhlen oder auch im Freien verzehrten. Funde in der Gudenushöhle und in der Gegend um Drosendorf im niederösterreichischen Waldviertel belegen dies. Wenn die Gletscher alles zudeckten oder die Wildbestände erlegt waren, wechselten die Jäger ihr Revier. Pro Person musste mindestens eine Jagdfläche von 1 km2 zur Verfügung stehen, für eine Sippe von 20 Personen also ca. 20 km2.

Sesshaftigkeit kontra Wanderschaft –
Sesshaftigkeit bedingte Straßenbau

Vor etwa 6.000 Jahren drangen von Osten entlang der Donau Menschen eines neuen Kulturkreises in unsere Gegend, nachweisbar an den Keramikfunden. Diese reichlichen Funde der jüngeren Steinzeit waren jetzt Gefäße mit linearen Verzierungen, Stichbandverzierungen, Bemalungen, alle ohne Drehscheibe hergestellt. Nun sind die Steingeräte nicht nur behauen, sondern zusätzlich geschliffen und oft durchbohrt. Aus den verschiedenen Fundorten kann man die Route dieser Menschen rekonstruieren. Diese Wanderer revolutionierten die Lebensweise in unserer Heimat, man spricht von der „neolithischen Revolution". Diese beruht auf der Haustierhaltung, der Domestikation von Schaf, Ziege, Rind und Pferd und dem Anbau von Kulturpflanzen - Gerste, Weizen, Hirse - in Form des Hackbaues und des Ackerbaues mit dem vom Rind gezogenen Pflug. Die bodengebundene Wirtschaftsform führte zur Anlage von dörflichen Siedlungen und damit zur Sesshaftigkeit. Die Sesshaftigkeit bedingte Verkehrswege zwischen den Siedlungen. Diese wurden zuerst an den Flüssen durch Wasserfahrzeuge - Einbaum, Floß, Fellboot–, später auf dem Landweg durchgeführt Dazu war die Errichtung von Straßen notwendig. Die Menschen errichteten ihre Behausungen auf den gesicherten Hügeln und schlachteten fortan ihre Haustiere. Die Getreideähren wurden geröstet, die Körner auf dem Reibstein zerrieben. Dieser Schrot wurde mit Wasser angerührt, erhitzt und als Brei gegessen, später als Fladen auf heißen Steinen gar gemacht. Man war nicht mehr auf das Jagdglück angewiesen, das Getreide wurde für die langen Winter gelagert. Der Organismus musste sich von der Fleischkost auf die Getreidekost umstellen. So hatten die Jäger der früheren Zeit Blutgruppe 0 und die Bauern jetzt auch Blutgruppe A. Diese zwei total verschiedenen Lebensweisen: Jäger - Bauer werden im Alten Testament der Bibel im Streit Kain und Abel aufgezeigt. Mit der Sesshaftigkeit kamen aber auch die Mauern, und die Grenze wurde erfunden. Um seinen Besitz zu schützen, wurden Festungen und Burgen gebaut. Jahrhunderte lang war der Krieg der Vater aller Reisen. Reisen hieß zu dieser Zeit: Besetzen und Vertreiben: Feldzüge, Kreuzzüge,... Allein die Römer bauten 80.000 Kilometer Militärstrassen von Schottland bis Syrien.

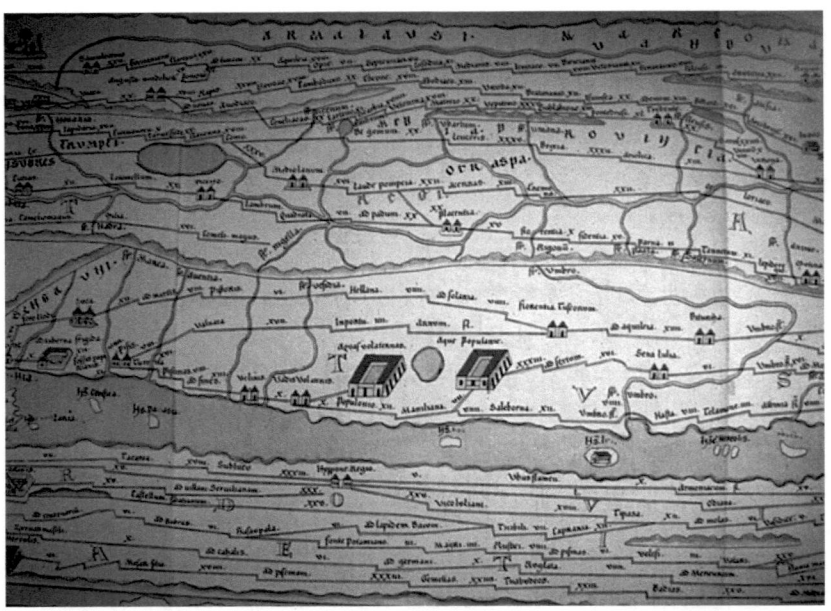

„tabula Pentingeriana" Diese kartographische Darstellung des spätrömischen Reiches und seines Straßennetzes stammt aus dem 4. Jh.n. Chr. und reicht über die ganze damals bekannte Welt von den Britischen Inseln bis Indien und China. Diese 676 cm lange Pergamentrolle war gezeichnet und später in Segmente zerlegt. Dies hier ist die Tafel IV, „Mediolanum (Mailand). Dieses wichtigstes kul-

turhistorische Denkmal ist leider nur noch als Kopie aus dem 12. Jh. erhalten und befindet sich heute in der Österreichischen Nationalbibliothek.

Die Ritter im Mittelalter reisten nicht, sie zogen eher umher und halfen den Schwachen. Reisen war für sie etwas Höheres: Eine Prüfung vor Gott oder ein Weg der Läuterung der Seele. Ansonsten träumten sie von der Minne und König Artus' Hof.

Römische Straße im antiken Norma Italien

Fremde als romantischer Sehnsuchtsraum

Dieser Begriff taucht erst später auf. Dabei war Goethes "Italienische Reise" stilbildend. Seitdem

hieß Reisen: sich bilden, Horizonterweiterung - geografisch und geistig. Der Süden wurde mit der Seele gesucht: Endlich angekommen, ließ man sie baumeln im "dolce far niente". Das Fremde wurde verklärt. Wer in diese Fremde will, muss sie, im wahrsten Sinne des Wortes, "erfahren".
Bei der Eroberung des amerikanischen Westens suchten die Siedler eine neue Heimat: "The promised land", das versprochene Land. Die Armee folg-
te erst, als die Indianer sich nicht vertreiben ließen. Was als Siedlerreise begann, endete im Massaker. Das Fremde wurde ausgerottet.
Technische Revolutionen treiben das Reisen seit-dem quantensprunghaft voran. Einst unüberwindba-re Entfernungen werden nun mühelos zurückge-legt. Urlaub gibt es seit der Entwicklung der Sozial-systeme vor etwa 150 Jahren. Schon zu Beginn des 20. Jahrhunderts war Urlaub Erholung von Alltag und Arbeit sowie Kräfte sammeln für die restlichen fünfzig Kalenderwochen. Nicht jeder konnte sich damals eine Reise leisten. Während sich die Massen in der näheren Umgebung oder zu Hause erholten, weilten Dichter, Denker und Aristokraten längst in abgeschiedenen Gefilden. Dort, wo "die anderen" nicht so leicht hinkamen. "Fern, aber unter sich sein" steht für exklusives Reisen. Dabei könnte Rei-sen so viel mehr bewirken: statt Inselgefühl Begeg-nungen, statt Krieg Verstehen des Fremden.
Der fromme Laienpater Thomas Cook wurde zum Begründer der Tourismusindustrie: Als er 1841 zum Preis von rund einem halben Euro eine Bahnreise

vom englischen Leicester ins zehn Meilen entfernte Loughborough organisierte – inklusive Musikkapelle und Schinkenbrote – hatte er diese erfunden. Cook expandierte in den nachfolgenden Jahrzehnten zum größten Reiseanbieter der Welt.

Die Motive des Reisens werden unterschiedlich interpretiert. Zu einem Erklärungsansatz gehört das Fort vom unmenschlichen Alltag der modernen Industriegesellschaft. Eine andere Interpretation sieht Tourismus als Urlaub vom Leben selbst. Es geht nicht mehr um Wiederherstellung der Arbeitskraft, sondern um Distanzgewinnung zu unserer stressgeplagten Existenz.

Das Konzept der Erlebnisgesellschaft wiederum sieht den Reisenden als Menschen, der von ökonomischen Zwängen und existenziellen Bedrohungen befreit ist und nach "Erlebnissen" außerhalb des Alltags hungert.

Seit der beginnenden industriellen Revolution gegen Ende des 19. Jahrhunderts sind nach und nach drei wesentliche Voraussetzungen des Massentourismus geschaffen worden:

1. neue schnelle Verkehrsmittel - Eisenbahn, Dampfschiffe, Auto, Flugzeug,
2. der gesetzlich verankerte Jahresurlaub,
3. steigende Einkommen.

Ferntourismus an die Strände Europas oder in die ganze Welt wurden zu einem selbstverständlichen Teil der Lebensqualität: Fallende Preise in der Reiseindustrie führten dazu, dass sich nun fast jede/r den Urlaub im Ausland leisten konnte. Die industrialisierten Reiseunternehmen setzen auf Trends in

den vier Bereichen Bildung - Kultur, Events - Mega-Events, Unterhaltung - Action sowie Umwelt - Natur. Der Preisgünstigste dominiert den Markt mit all den problematischen Folgen für die Reiseländer.
Der Trend zum kürzeren Zweit- oder Dritturlaub nimmt zu, damit vervielfachen sich die Umweltprobleme, etwa durch den das Klima schädigenden Flugverkehr. Urlaub wird weiter, schneller, kürzer. Dabei wird aber gleichzeitig Wert auf billigere, aufwändigere, komfortablere und sicherere Reiseangebote gelegt.
Nur eine weltweite Rezension, verbunden mit Arbeitslosigkeit und Geldknappheit, könnte diesen Trend stoppen.

Warum also reisen wir?

Physische Motivation: Viele Menschen reisen, um sich zu erholen und zu entspannen.
Psychische Motivation: Reisen zur Entlastung, Selbstfindung oder aus Abenteuerlust.
Interpersonelle Motivation: Gesellige Menschen gehen auf Reisen, um Gruppenerfahrungen zu sammeln.
Kulturelle Motivation: Menschen, die sich während ihrer Reisen bilden wollen und an fremden Kulturen interessiert sind - speziell Studienreisen.
Status- oder Prestigemotivation: Reisende, die durch ein bestimmtes Reiseverhalten Ansehen oder Anerkennung steigern wollen.

Schon 1873 übertrieb Theodor Fontane: "Zu den Eigentümlichkeiten unserer Zeit gehört das Massenreisen. Sonst reisten bevorzugte Individuen, jetzt reist jeder und jede."
Gerhard Schulze, (* 1944, deutscher Soziologe und Professor für Methoden der empirischen Sozialforschung und Wissenschaftstheorie an der Otto-Friedrich-Universität Bamberg) stellt einen Zusammenhang der Reisemotivationen mit den einzelnen soziologischen Milieus her:
*) Dem vom Hochkulturschema geprägten Niveaumilieu gehören Menschen gehobener Bildungsschichten an, die insbesondere nach Etablierung im Berufsleben und/oder nach abgeschlossener Kindererziehung primär nach Bildung und persönlicher Entwicklung, weniger nach Amüsement streben.

Dementsprechend entscheiden sie sich für Bildungs
und Studienreisen, besuchen Kirchen und Museen,
aber auch pittoreske Landschaften und Städte. Ab-
gelehnt werden etwa Touristenmassen, Lärm und
Unterhaltungsbetrieb.

*) Die jüngere Generation neigt verstärkt dem –
ebenfalls am Hochkulturschema teilhabenden -
Selbstverwirklichungsmilieu zu. Man schätzt vor
allem untouristische und unverdorbene Orte abseits
ausgetretener Pfade. Als klassische Reiseziele die
ser Gruppe gelten etwa abgelegene Dörfer in
Burgund oder der Toskana, aber auch exotische
Gegenden wie der Himalaya.

*) Durch eine Kombination von Hochkultur- und
Trivialschema ist das vorwiegend von Angehörigen
der mittleren Bildungsschicht formierte und in be-
sonderem Maße zu Konformität neigende
Integrationsmilieu gekennzeichnet. Geschätzt werden erprobte und bekannte, durch eine gut ausge-
baute Infrastruktur erschlossene, Orte wie etwa die
Sonnenküsten rund um das Mittelmeer, aber auch
die österreichischen Berge und Seen. Gleichwohl
werden in geringerem Maße auch Elemente der
klassischen Bildungskanons wie etwa die Studien-
reise nach Paris integriert

*) Jüngere Menschen aller gesellschaftlichen
Schichten versammeln sich schließlich im Aktions-
milieu, das vom Spannungsschema geprägt ist. In
ihrem Reiseverhalten streben sie vor allem nach
Dynamik, Abwechslung und körperlicher Bewe
gung. Geschätzt sind Orte, wo „etwas los" ist, etwa
Diskotheken der Badeorte, „actionträchtige" Metro-

polen wie Berlin oder London, aber auch Abenteuer und Sportreisen. Auf der Jagd nach neuen Reizen werden große Strecken zurückgelegt, insbesondere etwa durch Trampen oder Interrail.

*) Im auf dem Trivialschema fußenden Harmonie-milieu schließlich finden sich vorwiegend ältere Menschen einfacherer Bildungsschichten. Soweit überhaupt verreist wird, sucht man Ruhe, Erholung und Geborgenheit, insbesondere an bekannten und vertrauten Orten im eigenen Land und Sprachge-biet, wie etwa dem Schwarzwald oder Südtirol. Das Freizeitprogramm besteht aus Spaziergängen und Wanderungen, Badeaufenthalten und Heimatabenden.

Nach der Reisedauer unterscheidet man heute wis-senschaftlich folgende Reisearten:
- Tagesausflüge - höchstens 24 Stunden ohne
- Übernachtung
- Kurzreisen - Reise von zwei bis vier Tagen
- Dauer
- Urlaubsreisen alle Reisen mit mehr als vier
- Tagen Dauer
- Langzeitreisen - alle Reisen mit mehr als drei
- Monaten Dauer

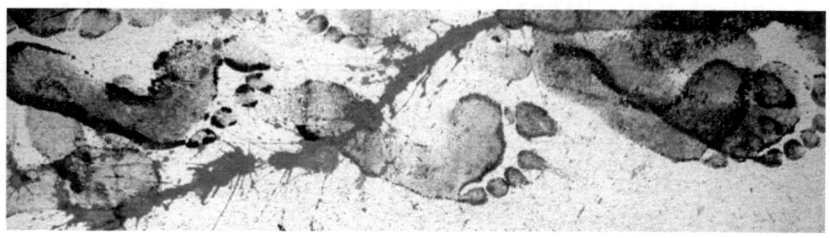

Wenn wir eine Reise tun...
Persönliche Reiserfahrungen

..., dann können wir viel erzählen. Leider werden die Menschen, die Reisegeschichten hören und Reisebilder betrachten wollen, immer seltener. Wir gehen daher sparsam mit Beidem um. Schließlich möchten wir nicht die sprichwörtlichen Perlen vor die Säue werfen.

..., dann bereiten wir uns gut oder gar nicht vor. Denn auch im spontanen Sich-Einlassen auf eine Reise kann Qualität liegen. In diesem Falle ersetzen die fünf Sinne eine penible Vorbereitung. Wir bevorzugend mit zunehmenden Jahren Reisen zu zweit. Während der eine sich mit unzähligen Landkarten, Reiseführen und dem Internet herumschlägt, verlässt sich die andere auf ihre Sinne und ist für „human relations" zuständig, die Sinne verlassen Einen nämlich fast nie!

..., dann beschweren wir uns nie am ersten Tag. Die Anreise ist in der Regel ermüdend. Man hat noch die Vorstellungen der eigenen Wohnung und die Qualitätskriterien des eigenen Landes im Kopf. Nach einer durchgeschlafenen Nacht sieht die Welt anders aus. Falls wir am Morgen des nächsten Tages immer noch der Meinung sind, das Zimmer entspräche nicht den vertraglichen Bedingungen, ist ein Zimmerwechsel in den meisten Hotels möglich, wenn man argumentativ und höflich vorgeht.

Schreien und Sich-laut-Beschweren zeugt von fragwürdiger Kinderstube.

…, dann kleiden wir uns möglichst den Gegebenheiten entsprechend. Ein Rüschenkleidchen beim Kühefüttern auf der Alm, Stöckelschuhe für die Levadawanderung in Madeira, das Kleine Schwarze beim Jägerlatein in der Jagdhütte machen einen lächerlichen Eindruck. Einen eben solchen macht das Hawai-Hemd in Irland oder das Wickelkleid mit glitzerndem Muster-Mix in Grönland. Alles schon gesehen. Nicht in allen Ländern ist der Kauf neuer passender Kleider möglich. Das erfuhren wir in Ägypten, als uns im Koffer der Inhalt einer zerbrochenen Flasche die gesamte Kleiderpalette verwüstete.

…, dann packen wir eine Krawatte in den Koffer. Manche Events kann man ohne Krawatte oder Fliege nicht besuchen, manche Stätten ohne eine solche nicht betreten, zum Beispiel das Raid's Hotel in Funchal oder das Casino in Monte Carlo. Eine Krawatte nimmt wenig Raum ein und sollte in keinem Reisengepäck fehlen.

…, dann versuchen wir, nicht zu schmuggeln. Es zahlt sich dies nämlich nicht aus.
Eines Tages wollten wir einen Teppich aus der Türkei im Koffer unverzollt über die Grenze schmuggeln. Abgesehen davon, dass wir Ängste ausstand, dabei entdeckt zu werden, war es am Flughafen Wien tatsächlich so weit, dass wir den Koffer zwecks Kontrolle hätte öffnen sollen. Lediglich ei-

nem listigen Trick war es zu verdanken, dass wir letztlich ungestraft blieben. Seither ziehen wir Ehrlichkeit dem Abenteuer vor.

..., kaufen wir etwas daheim Unbrauchbares.
Wir tun es - und wir haben es bei den meisten Reisenden gesehen. Das Ding gefällt am Urlaubsort besonders gut. Trotz Einwänden des anderen wird das Ding gekauft und in den Koffer gepresst, der dann nur noch mit Mühe zu schließen ist. Zu Hause drehen wir das Ding hin und her, bis es auf dem Flohmarkt landet oder wir es verschenken. Zuletzt passiert mit einem Poncho, in Madeira erstanden und bald von Motten gefressen, aber auch in Australien, als wir schon am ersten Tag sechs Schafwoll-Lämmer für unsere Enkelkinder erstanden.

..., betrachten wir Kirchen von innen.
Ein Sprichwort sagt: Die Kirchen möge man von außen, die Berge von unten und die Wirtshäuser von innen betrachten. Wir halten es mit dem Gegenteil. Als Christen suchen wir die Kirche, nicht nur, um das eine oder andere Mal eine Kerze für die Lieben daheim zu entzünden, sondern auch, um an Sonntagen einem Gottesdienst beizuwohnen. Schön ist es, wenn sich am Ort eine Hochzeit abspielt, dabei kann man Bräuche und Lieder und vor allem die Mode der Society eines Landes am besten kennen lernen. Als wir in Bali nach langem Suchen endlich eine christliche Kirche fanden, fragten uns kirchliche Mitarbeiter Eingangs nach unseren Namen. Mitten in der Messfeier begrüßte der Pfarrer

die Erschienenen plötzlich mit Vornamen. So begrüßte er auch uns als Otto und Elisabeth. Wir standen in den Bänken auf wie die anderen Mitfeiernden und senkten grüßend unsere Häupter.

..., verlieren und finden wir immer etwas.
Es gehört dazu, anlässlich einer Reise etwas zu vergessen oder zu verlieren oder zurück zu lassen. Auf diese Weise entschwanden uns Hüte, Saccos, Westen, Badekleidung und eine beidseitig verwendbare geblumte blaue Stola. Manches fand sich erstaunlicher Weise wieder nach Wochen. Aber auch Gefundenes können wir registrieren: Kappen, Tücher, in südlichen Ländern fanden wir des Öfteren ein Herz-Ass. Wir sahen es jeweils als Glückssymbol. In Enwicklungsländern schenken wir mitunter dem Zimmersteward Kleidung und bestätigen dies auf einem Blatt Papier, damit dieser nicht in den Verdacht von Kleptomanie gerät.

..., verfallen wir möglichst nicht der Telefonitis.
Immer wieder findet man unter den Reisenden Leute, die von Telefonitis befallen sind. Sie suchen den halben Tag über Geschäfte zum Kaufen von Telefonkarten und Telefonhütten zum Telefonieren oder drücken ganztägig an ihren Handys. Wir selbst halten uns eher an das Motto "daheim ist daheim - verreist ist verreist". Abschalten von zu Hause ist kaum möglich, wenn man per Telefon die Sorgen um die Ohren geknallt erhält, obwohl man von der Ferne ohnehin nicht helfen kann, es sei denn durch Ratschläge, die man daheim in der Regel verurteilt.

Die Folge der Anrufe ist meist, dass man unfrei und mit sorgenumwölkter Stirn an Zuhause und die Zurückgebliebenen denkt, und so der halbe Urlaub verleidet ist. Wir sparen uns viele Stunden Schlangestehen bei Kuraufenthalten, da wir nur zu ausgemachten Zeiten anrufen. Ja damals, als unser Chor 1964 in Russland auf Tournee war und wir in die Unruhen um Chrustschow gerieten, standen die Sangeskolleginnen und -Kollegen Schlange vor den zu dieser Zeit fragwürdigen Telefonanlagen, um ihren Lieben von ihrer Unversehrtheit zu berichten, während wir genüsslich im Fauteuil saßen und uns bestens amüsierten.

Eines Tages machte ich aber doch den Fehler, zu Hause anzurufen. Unsere Töchter erzählten von einem, wie sie sagten, unbedeutenden Motorradunfall des Sohnes. Sie beteuerten so übertrieben die Vernachlässigbarkeit seiner Verletzungen, sodass wir misstrauisch wurden. Als gute Mutter ließ ich - Elisabeth – mich zur Autobahn bringen, wo ich per Auto-Stopp frühzeitig den Weg nach Hause nahm. Ein gar nicht ungefährliches Unterfangen. Zu Hause mit hängender Zunge angekommen, durfte ich feststellen, dass meine Töchter recht gehabt hatten. Die Verletzungen durch den Unfall meines Sohnes waren tatsächlich unbedeutend gewesen.

…, schließen wir uns gerne anderen an.
Die größten Lebensweisheiten erfuhren wir anlässlich Kuraufenthalten und Reisen. Wenn auch die Zimmernachbarn in Kuranstalten meistens unglaubliche Nervensägen waren, lernten wir doch immens

viel von ihnen. Auf andere zugehen, fällt uns nicht schwer. So tragen wir gerne als Erste das Du-Wort an, wo es passt. Sympathische Paare sprechen wir schon am Bahnsteig oder Flughafen vor der Abreise an, meistens zählt dieses Paar später zu unserer Tischgesellschaft. Eines Tages gingen wir in einem Hotel auf ein Paar zu, um ein paar freundliche Worte zu sagen, in Wahrheit war meine – Elisabeths - Kurzsichtigkeit schuld. Ich meinte nämlich, dieses Paar von früher zu kennen, und deshalb fielen meine Worte so herzlich aus. Das Paar rechnete mit der Ernsthaftigkeit meiner Worte, und es wurde eine Freundschaft daraus. Da wir unser Leihauto erst eine Woche später in Empfang nahmen, lud uns dieses Paar ein, mit ihm drei Tage durch die Lande zu touren. Es waren die schönsten Tage unseres Urlaubes. Wieder lernten wir eine Menge voneinander. Wir erinnern uns an einen Urlaubtipp für Hotels, nämlich das Zimmer mit Tüchern und persönlichem Kram zu schmücken. Wir taten dies sofort und drapierten Tücher und Schals über Fenster und Bilder. Das Zimmer war sehr persönlich geworden.

..., bringen wir möglichst unsere Talente ein. Zu diesem Behufe führen wir Liederbücher, Liedtexte oder Gedichtbücher in unserem Gepäck mit. Besonders bei Kreuzfahrten ist uns dieser Fundus schon gut zu stehen gekommen. Es werden dabei jeweils Gästeabende veranstaltet. Mit einer Reisekollegin gemeinsam erfreuten wir in Mallorca an Weihnachten die Korona mit dreistimmigem Singen traditioneller Weihnachtslieder. Ich kann mich noch an ein heiteres Quiz erinnern, wobei unsere Gruppe lediglich deswegen gewann, weil ein Gast einen Handstand beherrschte und ein weiblicher Gast drei rote Büstenhalter im Koffer hatte.

Urlaub

...ist für einen Arbeitnehmer die Voraussetzung, eine Reise unternehmen zu können.

...ist die Zeit, die ein arbeitsfähiger Arbeitnehmer von seinem Arbeitsplatz berechtigt fernbleiben kann.

Urlaub leitet sich vom alt- bzw. mittelhochdeutschen Wort für „erlauben" her. So fragten im Hochmittelalter Ritter ihren Lehnsherren um urloup, also „Urlaub", um in eine Schlacht zu ziehen.

Die Anfänge des bezahlten Jahresurlaubs liegen im Kaiserreich.

Verschiedene Arten des Urlaubs

Das Arbeitsrecht kennt folgende Urlaubsformen:

Erholungsurlaub dient vor allem der Erhaltung und der Wiederherstellung der Arbeitskraft des Arbeitnehmers.

Erziehungsurlaub können Arbeitnehmer unter bestimmten Voraussetzungen nehmen, um sich der Erziehung und Betreuung eigener oder fremder Kinder zu widmen - heißt auch Elternzeit.

Mutterschaftsurlaub heißen in nichtamtlicher Diktion die in Mutterschutzgesetzen enthaltenen

Beschäftigungsverbote für Frauen im zeitlichen Zusammenhang mit einer Entbindung.

Bildungsurlaub dient der beruflichen Fortbildung des Arbeitnehmers.

Als Sonderurlaub bezeichnet man schließlich den Anspruch des Arbeitnehmers auf Arbeitsbefreiung aus besonderen in seiner Person oder am Arbeitsplatz liegenden Gründen.

Pflegeurlaub, um Familienmitglieder oder nahe Verwandte im Krankheitsfall zu betreuen.

Betriebsausflug nennt sich eine vom Arbeitgeber geförderte und gebilligte meist eintägigen Ausflug oder Reise der Belegschaft eines Betriebes oder einer Behörde mit touristischem und/oder gesellligem Angebot. Die Arbeiter und Angestellten einer Firma lernen sich besser kennen, manchmal vielleicht zu gut. Der Betriebsausflug führt zwar zu einem Arbeitsausfall, erscheint aber vielen Arbeitgebern sinnvoll unter dem Gesichtspunkt der "Verbesserung des Betriebsklimas". Der Betriebsausflug steht als betriebliche Gemeinschaftsveranstaltung unter dem Schutz der gesetzlichen Unfallversicherung.

Hochzeitsreise

Ganz egal ob Strandurlaub, Schiffsreise oder Übernachtung in der Hochzeitssuite - bei der Hochzeitsreise haben Brautpaare die Qual der Wahl.
Unmittelbar im Anschluss an die Hochzeit, zu Beginn der so genannten Flitterwochen, begeben sich die meisten Paare auf Hochzeitsreise. Ziel der Reise ist es, die Eheschließung zu feiern, sich vom vorangegangenen Stress zu erholen und ungestört Zeit miteinander zu verbringen. Die meisten Brautpaare haben sich die Reise wohl verdient. Planung und Vorbereitung der Hochzeit sind mühsam und verursachen Stress, der endlich abgebaut werden kann. Schließlich müssen Paare sich auch von der Hochzeitsfeier erholen, denn sie stehen während der gesamten Feier im Mittelpunkt.
Das Reiseziel ist eine Frage des Geschmacks und des Budgets. Wohin die Hochzeitsreise gehen soll, entscheiden die meisten Paare selbst. Gelegentlich kommt es aber auch vor, dass sie das Reiseziel nicht kennen, weil ihnen die Hochzeitsreise geschenkt wurde. In den meisten Fällen geht es in wärmere Gefilde, wo für das Paar die Möglichkeit besteht, sich in der Sonne am Strand oder am Pool zu entspannen. Das Spektrum an Möglichkeiten ist groß, einige Brautpaare entscheiden sich auch für luxuriöse Bahn- oder Schiffsreisen. Besonders begehrt sind auch Übernachtungen in Luxushotels, wo den frisch vermählten eine Hochzeitssuite zur Verfügung steht. Allerdings sind solch luxuriöse Reisen auch mit entsprechenden Kosten verbunden, man

also über ein ausreichend großes Budget verfügen muss, sollte einem die Reise nicht geschenkt werden.
Da heute seltener die Ehe mit einem großem Hochzeitsfest begonnen wird, werden auch Hochzeitsreisen nicht mehr so häufig geplant. Man fährt eben gemeinsam weg.

Enge und weite Heimat

Was ist Heimat?
Ist es ein Dorf, eine Stadt, ein Land, ein Kontinent?
Ist Heimat ortsbezogen? Sind Heimat die Men
schen, die einen Tag für Tag zu dem machen, was
man ist? Ist Heimat das Wohlgefühl des Gewohnten
und Bekannten? Kann einem die eigene Heimat
fremd sein?
Hat ein Heimatloser keine oder zu viele Heimaten?
Kann ein Mensch mehrere Heimaten haben? Ist
Heimat kollektiv oder individuell?
Ist das Gegenteil von Heimatverbundenheit Hei-
matgelöstheit?
Fühlt man sich nur in der Heimat daheim?
Die Grenzen der Heimat eines Menschen lassen
sich nicht von vornherein bestimmen. Es kommt
auf den einzelnen an, wie weit seine Heimat reicht
und auch wie inhaltsreich sie ist. Uns allen sind die
abkürzenden Begriffe wie ,,Spießbürger",
,,Pfahlbürger" und ,,Kirchturmpolitiker" bekannt.
Sie bezeichnen Menschen von engem Weltbewusst-
sein, deren Blick nur in nächste Nähe reicht und
feinere Zusammenhänge nicht erfasst. Einem ech-
ten ,,Spießer" ist Heimat nicht etwa sein ganzes
Städtchen, sondern eigentlich nur sein Bett, sein
Dach, sein Teller mit der Leberwurst darauf und
das Stammlokal um die Ecke mit seinen Bierkrügen
oder Weinflaschen. Die Kraft, darüber hinaus mehr
zu erfassen, fehlt ihm. So soll Heimat gewiss nicht
verstanden werden. Manchen tüchtigen Menschen

hat die Abscheu von solcher Enge und das Missver-
ständnis, Heimat sei auf solch engen Horizont be-
schränkt, in Opposition zu allem gedrängt. Was mit
dem Hinweis vertreten wurde, das sei heimischer
Brauch, ja manchen hat das zum schmerzlichen
Verlassen seiner wirklichen Heimat verleitet.
Früheren Generationen war solch ungesunde Ver-
engung des Heimatgefühls eine größere Gefahr.
Weite Reisen und Wanderungen waren damals aus
vielen Gründen schwieriger. Dadurch erforderte das
Kennenlernen anderer Länder und Verhältnisse außerordentliche Anstrengungen. Seine eigene Heimat und den Wert ihrer Einzigartigkeit vermag man
aber nur dann voll zu begreifen, wenn man auch
andere Länder und deren Sitten kennt. Nur wer in
seinem Geiste ein vollständiges Bilderbuch seiner
Heimat in sich trägt, kann die Andersartigkeit oder
Gleichartigkeit der Bilder beurteilen, die er in der
Fremde sieht. Sich in alle Einzelheiten der Heimat
liebend zu vertiefen, wach und gründlich, ist nicht
nur ein tief befriedigendes Tun – es ist auch die
Voraussetzung zu gründlicher Beurteilung fremder
Lebensformen und übergreifender gesellschaftlicher
Verhältnisse. Von der Heimat aus bauen wir uns
das Bild unserer weiteren Welt auf.
Das wussten die Handwerkerzünfte gut. Sie ließen
daher keinen als Handwerksmeister in der Heimat
zu, ehe er nicht jahrelang auf Wanderschaft seinen
Horizont geweitet hatte und nachweisen konnte,
dass er bei einer Mindestzahl von Handwerksmeis-
tern tätig gewesen war. Wer also "zünftig" leben
wollte, d.h. von der Zunft anerkannt werden wollte,

der musste die Lehr- und Wanderjahre hinter sich gebracht haben. Sie kamen wirklich berufs- und Lebens erfahren nach Hause. Dort hatten sich oft die familiären Verhältnisse, die persönlichen Bekanntschaften und Liebschaften völlig verändert. Wenn es in einem Wanderlied heißt: "... den soll man als Gesell' erkennen oder gar ein' Meister nennen, der noch nirgends ist gewest, nur gesessen in seinem Nest?", dann könnte dies eine versteckte Kritik wanderwilliger Gesellen an Bestrebungen innerhalb der Zünfte sein. Zu Beginn des 19. Jahrhunderts versuchten nämlich einige Müllermeister für ihre Söhne die Wanderjahre durch eine Geld zahlung "abzukaufen".

Diese in der Fremde geläuterte Heimatliebe hat dann auch nichts mehr zu tun mit selbstgefälliger, eitler Selbstüberschätzung. Manches wurde draußen in der Fremde bemerkt, was in der Heimat besser gemacht werden konnte. Daraus erwuchs ein ständiger Antrieb zur gesunden Weiterentwicklung.

Die Erinnerung daran regt auch uns an, durch Wandern und Reisen unsere Weltkenntnis zu erweitern. Der Erfahrene" ist jener, der auf „großer Fahrt" vieles gesehen und begriffen hat. Im Wandern überwindet man den Hang zu spießiger Enge. Man lernt im Vergleich die Einzigartigkeit der eigenen Welt schätzen und ihre Schwächen zu korrigieren. Eine Landschaft, die man erwandert, eine Stadt, die man erlebt hat, trägt man auch dann noch im Bewusstsein, wenn man in seine engere Heimat zurückgekehrt ist. Die Erfahrungen verschmelzen

allmählich mit dem ursprünglichen Heimatbewusst-
sein und unbemerkt weitet sich die Heimat. Dem
kleinen Kinde ist Haus und Garten die Heimat; dem
Schulkind weitet sie sich zu Dorf und Stadt; später
umfasst sie die ganze Landschaft; bald wächst sie
bis zu den Grenzen des Vaterlandes; den geistig
Hungrigen und nach Erfahrung Strebenden wird sie
groß wie der Erdteil, größer als die Erde — um
schließlich das Sternenreich mit zu umfassen.
Wandern ist eine Lebensweise. Alle Räume, die
man erfahren und geistig bewältigt hat, werden zur
weiteren Heimat. Der bildsame, geistig wache
Mensch, der durch erworbene Erfahrung seine Heimat geweitet hat, kann auch an fremden Orten
seelische Wurzeln schlagen. Das ist etwas ganz
anderes als das Leben des durch seelische Ver-
ödung Heimatlosen, dem die Heimat seiner Jugend
ins Vergessen entsunken ist und der sich nun an
beliebigem Orte „aufhält", unfähig, sich irgendwo
seelisch zu verwurzeln.
Es ist eine alte Tatsache, dass mancher genauso
leer von einer Reise zurückkehrt, wie er ausgezo
gen ist. Er weiß nichts zu berichten, es ist ihm in
der Fremde nichts aufgefallen. So geht es den Menschen, die sich auf Reisen begeben, ehe sie ihre
eigenen Heimatverhältnisse kennen. Wer nie wahrgenommen hat, dass in der Waldviertler Heimat die
weiten Wälder vorwiegend aus Nadelhölzern bestehen, und wer sich nie die Mühe genommen hat,
diese Bäume kennen zu lernen, dem wird nicht auf-
fallen, dass bereits im nahen Weinviertel sich die
Wälder vorwiegend aus einer Mischung von Nadel-

und Laubbäumen, wie Eichen und Buchen, zusammensetzen. Er wird bestenfalls zu der kargen Feststellung gelangen, dass es ,,drüben ähnliche Wälder gibt". Oder wer in Wien, Ulm, Freiburg oder Köln, sich nie gründlicher mit den gotischen Formen befasst hat, wird, wenn ihn der Fremdenführer in den gotischen Dom zu Mechelen in Flandern führt, nicht bemerken, dass es sich bei diesen großen Werken der Baukunst um dieselben geistigen Strebungen aus derselben Zeitperiode handelt und dass sich in ihnen die damals noch wirksame geistige Einheit Europas ausdrückt. Das Beste und Interessanteste, das er hier erfahren könnte, wird ihm nicht bewusst, weil ihm die Maßstäbe aus der eigenen Heimat fehlen.

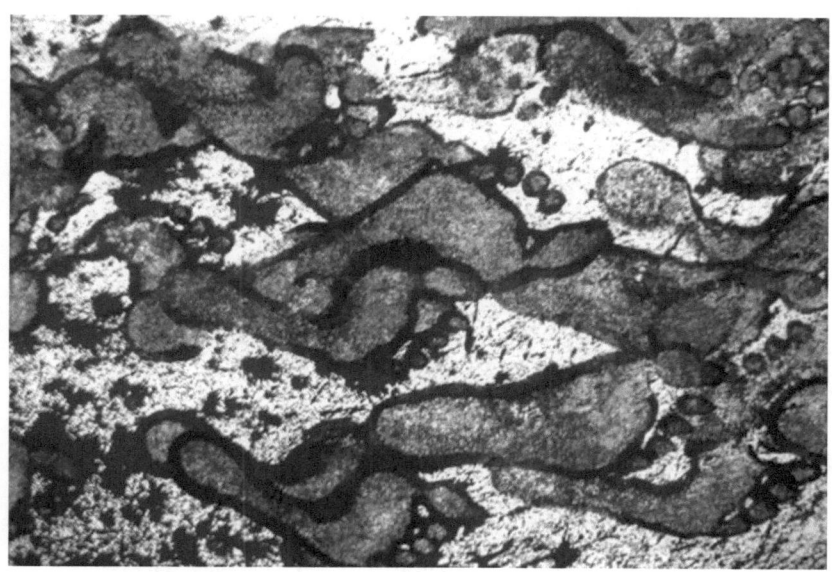

Heimatlosigkeit

Dieser Begriff bezieht sich auf ein vielschichtiges Phänomen, das um die Abwesenheit von Heimat und Heimatgefühl kreist:

- „Heimatlos" war zu Zeiten des Philosophen Friedrich Nietzsches in der Schweiz der offizielle Ausdruck für Staatenlosigkeit.
- In der südkoreanischen Literaturszene wird die einsame Heimatlosigkeit als neue Tendenz beschrieben. Vom Wohnung beziehen in der Heimatlosigkeit schreibt Vilém Flusser.
- Alexander Fest schreibt von der Heimatlosigkeit der Macht.
- Von der Heimatlosigkeit der Frau im Patriarchat schreibt Christa Mulack.

Viele Kulturkritiker betrachten mit Sorge die moderne Rationalisierung der Heimatlosigkeit als „Freiheit", die sich aber bloß als beziehungslose und konsumistische Freiheit gestaltet. Umstritten ist auch die Vermischung von Weltbürgertum mit Heimatlosigkeit. Kinder von rotationsunterliegenden Diplomaten sind oft durch Heimatlosigkeit geprägt. Schließlich wird auch im religiösen Kontext von Heimatlosigkeit gesprochen. Vor allem im christlichen Kontext der Nachfolge Christi gilt Heimatlosigkeit neben Familienlosigkeit und Besitzlosigkeit als ein Merkmal eines apostolischen Lebensstils. Dabei steht jedoch die Relativierung und der Verlust der irdischen Heimat im Gegensatz zum Gewinn der "himmlischen Heimat" bei Gott.

In allen Bedeutungsrichtungen ist Heimatlosigkeit zum Thema von Film, Literatur und Kunst geworden.

Vaterland

ist die Bezeichnung für das Land, aus dem man selbst bzw. die Vorfahren stammen und in dem sich ein Mensch verwurzelt fühlt, in dem meistens verwandtschaftliche Beziehungen bestehen und häufig emotionale Erfahrungen in der individuellen Entwicklung gemacht wurden.

In der Geschichte wie Gegenwart wurden oder werden die Gefühle, welche Menschen ihrem Vaterland entgegenbringen, manchmal durch politische Ideologien benutzt, um eine Feindschaft zu anderen Menschen und deren Vaterländern zu begründen (etwa im Krieg oder bei innenpolitischer Instabilität).

Etymologie:

Das deutsche Wort „Vaterland" ist zum ersten Mal gegen Ende des 11. Jahrhunderts im Summarium Henrici belegt und im Mittelhochdeutschen bereits fest eingeführt. Die wahrscheinliche Ursprungsbedeutung eines zu bebauenden Landes, das dem Vater gehört, erweiterte sich im Laufe der Zeit, bis Vaterland Herkunfts- und Zugehörigkeitsgebiet von Menschen, Lebewesen, Gegenständen und Abstrakta umfassen und sogar personifiziert werden konnte.

Patriotismus

(von gr. πατρίς; patris, Vater; lat. patria, Heimat, Vaterland)

Als Patriotismus wird eine emotionale Verbundenheit mit der eigenen Nation bezeichnet. Im Deutschen wird anstelle des Lehnwortes auch der Begriff „Vaterlandsliebe" synonym verwendet.

Diese Bindung wird auch als Nationalgefühl oder Nationalstolz benannt und kann sich auf ganz verschiedene Aspekte beziehen, etwa ethnische, kulturelle, politische oder historische.

Patriotismus wird heute allgemein von Nationalismus und Chauvinismus unterschieden, insofern Patrioten sich mit dem eigenen Land und Volk identifizieren, ohne ihre Nation über andere zu stellen und andere Völker implizit abzuwerten.

Auswandern

Warum ziehen Leute fort? Was bringt sie dazu, ihre Wurzeln auszureißen und alles Vertraute zurückzulassen. Aufzubrechen zu einem großen Unbekannten jenseits des Horizontes? Warum sich mit den Behörden herumschlagen und sich dabei als Bittsteller fühlen? Warum in einen fremden Dschungel gehen, wo alles neu, anders und gefährlich ist?

Die Antwort ist immer gleich: Sie ziehen fort, weil sie auf ein besseres Leben hoffen, weil sie die Unsicherheit nicht mehr aushalten. Weil sie das Gefühl haben, dass sie sich noch so sehr abmühen können und trotzdem nichts erreichen werden. Weil sie nicht mehr an die Zukunft glauben, nicht für sich und schon gar nicht für ihre Kinder. Weil sie zum Ergebnis kommen, dass sich nie etwas ändern wird und sie Glück und Wohlstand nur anderswo finden können.

Die häufigste und schrecklichste Form der Auswanderung ist in der ganzen Menschheitsgeschichte leider die Vertreibung.

Die Reise in Literatur und Kunst

Stets hat die Reise auch ein zentrales Motiv in Literatur und Kunst dargestellt, häufig trägt sie dort ganz oder teilweise imaginäre und phantastische Züge. Frühe Beispiele sind Homers Odyssee bzw. Vergils Aeneis, die die Irrfahrten der Namen gebenden Titelfiguren nach dem Fall Trojas beschreiben. Herodot (ca 485 – 420 v.Chr.), der älteste griechische Geschichtsschreiber, unternahm weite Reisen.

In der Hafenstadt Halikarnass in Kleinasien geboren, vertrieben ihn Parteikämpfe nach Samos. Von der Reiselust der Ionier bewegt, sah er fast die ganze damalige Welt: Persien, Ägypten, das Land der Skythen am Schwarzen Meer, Afrika bis Kyrene. 455 ließ er sich in Athen nieder und schrieb sein Geschichtswerk, die Historien, vom Standpunkt Athens aus. Die Grundidee, den Kampf Asiens und Europas in den Perserkriegen bereitete er in der Geschichte der Lydier, der Perser, der Babylonier, der Ägypter, der Skythen, Libyer und Griechen vor. Er beschrieb in seinem Werk, das in 9 Bücher eingeteilt und mit den Namen der 9 Musen benannt wurde, neben der Geschichte auch seine Reisen mit großem schriftstellerischem Können und mit großer handwerklicher Meisterschaft.

Reisen kommen in der Bibel häufig vor. Einige Beispiele seien angedeutet:

*)Schon Abraham machte eine große Reise.

*)Die Juden wanderten 40 Jahre durch die Wüste von Ägypten nach Israel

*)Jesus wanderte 3 Jahre predigend durch das Land

*)Paulus machte viele Reisen, wurde oft verprügelt, erlitt Schiffbruch

Ryszard Kapuscinski, der bekannte polnische Schriftsteller, war von Herodot so fasziniert, dass er dessen Werk auf all seinen Reisen dabei hatte. Auch er war von Neugier und Wissensdurst getrieben, aufgebrochen. Er wollte die Grenzen der bekannten Welt ausloten, mit eigenen Augen sehen und mit eigenen Ohren hören, was sich in der Welt zugetragen hat.

Aus dem arabischen Kulturkreis sei Sindbad der Seefahrer aus der Sammlung Tausendundeine Nacht genannt, als Vertreter des europäischen Mittelalters die Pilger aus Chaucers Canterbury Tales. Zu erwähnen sind weiter Jonathan Swifts Gullivers Reisen, zahlreiche Romane Jules Vernes (Reise um die Erde in 80 Tagen, Fünf Wochen im Ballon ...) sowie Max Frischs bewegter Roman Homo faber.

Weitere Beispiele sind Johann Wolfgang Goethes Italienische Reise, Joachim Fests Im Gegenlicht - eine italienische Reise, Eeva-Kaarina Aronens Die Lachsfischerin oder das von Joseph Misson, einem Niederösterreichischen Priesterdichter geschriebene Buch Da Naz –a niederösterreichischer Bauernbui geht in d´Fremd´.

In fast allen Sagen und Märchen ist die Reise ein wesentliches Moment.

Von der fiktionalen Literatur zu unterscheiden sind Reiseberichte, in denen Autoren ihre eigenen Erlebnisse auf Reisen schildern. Bedeutendstes Werk der Gattung dürfte Goethes Italienische Reise sein. Weitere wichtige Beiträge zum Genre kamen etwa von Heinrich Heine (Harz), Hermann von Pückler-Muskau und Gustave Flaubert (Orient), Hermann Hesse (Indien, Italien)...

Die unzähligen Reiseführer sind nicht Literatur. Für mich bedeuten diese oft sogar Hindernisse, um vorurteilsfrei die fremden Länder zu erschauen. Oft sehe ich Reisende mit solch einem „Führer" in der Hand fragend stehen, und sie scheinen nicht mehr die Sehenswürdigkeiten, sondern nur noch den Reiseführer zu sehen.

Urlaubsreisen - Reisearten

Urlaubsreisen dienen primär der Erholung und Freizeitgestaltung. Wenn Reisende selbst planen, spricht man von Individualreisen – standardisierte Angebote von Reiseveranstaltern nennt man dagegen Pauschalreisen. Letztgenannter Typ ist häufig, aber nicht zwingend eine Gruppenreise.
Eine Sonderform der Urlaubsreise stellt die Weltreise dar, bei der man grob gesehen einmal die Erdkugel umrundet.
Je nach Neigung, Interessen und Bedürfnissen gibt es eine Vielfalt von Reisearten. Primär Erholungszwecken dienen etwa Bade-, Wander- und Ski-, aber auch Gesundheits-, Wellness- und kulinarische Reisen. Aktiver sind Sport- und Abenteuer- und für Menschen mit kulturellen Bedürfnissen Studien- oder Bildungsreisen; spezielle Ausprägungen sind etwa Sprach-, Städte-, Konzert- oder Opernreisen.
Wir „Urlauber" sollten uns aber stets fragen: Welchen Eindruck haben die Menschen der Urlaubsländer von uns?
Was bringen wir den Menschen in der Welt?

Wallfahren
Eine Wallfahrt (lat. peregrinatio religiosa, v. wallen in eine bestimmte Richtung ziehen, fahrend unterwegs sein) ist eine traditionelle Reise zur Erfüllung

eines heiliges Gebotes oder zum Besuch einer bestimmten Pilgerstätte mit religiöser Bedeutung. Sie wird auch als Pilgerreise, Pilgerfahrt, Betfahrt und im Islam als Haddsch oder Ziaret bezeichnet.

Sinn einer Pilgerfahrt kann sowohl eine Initiation als auch ein Akt der Ergebenheit oder Buße oder ein Versprechen, etwa nach Gesundung oder bestandener Prüfung, sein. Wallfahren hat eine hohe moralische Bedeutung und kann auf den alten Glauben, dass die übernatürlichen Mächte ihre Kraft an bestimmten Orten besonders stark entfalten, zurückgehen. Im Islam ist dies der Ort Mekka, die Geburtsstadt des Propheten. Im Hinduismus ist es Benares am Ganges. Für Buddhisten und Christen sind es die Schlüsselstationen im Leben des Gautama Buddha oder Jesu Christi, der Gottesmutter Maria oder eines Heiligen. Im Christentum des europäischen Mittelalters wurden Wundertätigkeiten vielen Orten zugeschrieben, manchmal auch im Zusammenhang mit Pogromen an jüdischen Gemeinden und erwiesenermaßen erfundenen antijudaistischen Legenden.

Reisen ist eine alte biblische und christliche Tradition: Die große Reise Abrahams, die vierzigjährige Reise der Juden durch die Wüste von Ägypten nach Israel, die jahrelange Wanderung Jesu durch Israel. Er sind dazu seine Worte überliefert:"Füchse haben ihren Bau, Vögel ihre Nester, nur der Menschen sohn hat nichts, wohin er sein Haupt legen kann". Juden und Christen trieben schon im Römischen Reich lebhaften Handel und hatten sich über das ganze Becken des Mittelmeeres verstreut. Trotzdem blieben sie alle miteinander in engster Verbindung und bei religiösen Feierlichkeiten reisten sie zueinander. Die Juden brachten aus den entfernten Gemeinden ihre Abgaben an den Tempel in Jerusalem. Die christlichen Missionare bereisten unermüdlich alle Teile des Römerreiches, um mit den Pflanzstätten ihrer jungen Religion stete Verbindung zu halten.

Diese regelmäßige religiöse Reisebewegung ist seither nie erloschen. Es ist die Pilgerreise. Die ersten Ziele dieser Pilgerzüge waren Jerusalem mit den heiligen Stätten der Christenheit und Rom, wo die junge christliche Religion ihr noch geheim gehaltenes Zentrum fand. Die ersten Reiseführer der Weltgeschichte wurden für solche Pilgerfahrten angelegt. Es waren kleine Handbücher, die Christen aus entlegenen Teilen des Römerreiches helfen sollten, die Pilgerziele Jerusalem und Rom zu erreichen. Sie enthielten Angaben über die Entfernungen, über die Unterkünfte an der Straße und über die Preise, die man in ihnen zu entrichten habe.

Solche Reisen waren beschwerlich, gefährlich und kostspielig. Aber man hungerte und bettelte sich durch die Länder, um Rom oder Jerusalem zu sehen. Denn je beschwerlicher die Reise, desto größer war das Verdienst, desto sicherer durfte man mit der ewigen Seligkeit rechnen.

Wallfahrten gab es auch bei den antiken Griechen und Römern, die aus religiösen Gründen ferne Tempel bereist hatten. Germanen veranstalteten „Waldfahrten" zu heiligen Hainen.

Eine Wallfahrt war und ist immer auch soziales Ereignis, führt zu Begegnungen und Austausch zwischen Gläubigen. Sie dient und diente immer der Finanzierung von religiösen Stätten, Orten und Institutionen der religiösen Tradition, war Lehre und Bildung für wallfahrenden Gläubige und historisch Interessierte.

Manchmal werden die beiden Begriffe Wallfahrt und Pilgern unterschiedlich gebraucht: Eine Wallfahrt findet in einem engeren und eher traditionell-religiösen Rahmen statt; sie wird oft von katholisch kirchlicher Seite für eine Gruppe von Gläubigen organisiert. Pilger sind dem Sprachgefühl nach vereinzelt und frei unterwegs; auch wenn ihr Reiseziel traditionell-religiös ist, zum Beispiel Santiago de Compostela.

Im Mittelalter wurde die christliche Wallfahrt als Glaubenszeugnis etabliert, insbesondere weil die Wege zu den Wallfahrtsorten weit, mühsam und auch gefährlich waren. Deshalb hatte bereits das Gelübde, eine Wallfahrt innerhalb einer bestimmten Frist zu unternehmen (Votum peregrinationis), eine wichtige Bedeutung. Dieses Gelübde war vor allem bei Fernwallfahrten üblich. Insbesondere bei Dankeswallfahrten war das Gelübde ein zentrales Element. Um dieses wirksam abzugeben, wurde es in Anwesenheit von Freunden mit lauter Stimme und auf den Knien mit zum Himmel erhobenen Händen gesprochen. Dem folgten dann umfangreiche Vorbereitungen zur Finanzierung dieser langen Fahrt, wobei häufig Grundbesitz mit Rückkaufsrecht für den Fall der Heimkehr verkauft wurde und in aller

Regel auch Testamente aufgesetzt wurden, die Bestimmungen für den Fall trafen, dass man nicht mehr zurückkam.

Man musste nicht unbedingt selbst pilgern, man konnte auch andere für sich gegen Bezahlung pilgern lassen. Die Pilgermarken vom Zielort sollten belegen, dass der Beauftragte tatsächlich dort gewesen war. Dies wurde durch Fälschungen oft unterlaufen.

Die Pilger hatten eine spezielle Tracht: Langer Mantel, breitkrempiger Hut, Pilgertasche, Trinkflasche und Pilgerstab.

Heute erlebt die Pilgerreise eine neue Blütezeit. Es sind nicht immer religiöse Gründe, sondern „zurück zur Natur", einfaches Leben in einfachen Pilgerraststätten, sportliche Herausforderung, zu einer Gemeinschaft gehören, Reisen mit kleinem Gepäck, Erkennen, dass Besitz behindert, vor allem wenn man ihn tragen muss.

Viele Völker kennen die Vorstellung von einer Reise der Verstorbenen nach ihrem Tod. Darüber berichten ägyptische und tibetanische Totenbücher ausführlich. Es handelt sich dabei um ein Symbol für Reinigung und Weiterentwicklung der Seele. Der Buddhismus vergleicht den Geburtenkreislauf, die Abfolge der Inkarnationen der geistigen Individualität bis zu ihrer Erlösung ins Nirwana, mit einer Reise.

Nicht der Weg ist das Ziel!

Andenkenstände, „Betenkramer" genannt, wurden meist von Drechseln betrieben, die Rosenkränze

(Beten) herstellen und mit Devotionalien handelten (Wachsstücke, Kerzen, Lebkuchen, Met). Nach einer mündlich verbürgten Sitte zogen die Mädchen bei Wallfahrten weiße Kleider an, setzten ein Krönlein auf, das mit Bändern an den geöffneten Haaren befestigt war, und warfen sich als Zeichen der Marienverehrung auf den Steinboden im Mittelgang der Wallfahrtskirche. Diesen Brauch brachte die Gegenreformation aus Spanien mit.

Der Pilger war ein Wallfahrer aus religiösen Gründen. Er wollte büßen für seine Sühden oder eine Gebetserhörung erbitten für ein besonderes Anliegen.

Im heutigen Sprachgebrauch pilgern Menschen ins Stadion, um ihre Fußballmannschaft anzufeuern. Sie pilgern ins Freibad, um die teuflische Hitze zu überstehen.

Eine Pilgergeschichte: *Ein Pilger kommt spät abends und todmüde zu einem Schloss. Er klopft an und bittet den Schlossherrn um ein Quartier für eine Nacht. Unwirsch sagt dieser: „Dies ist kein Gästehaus." Der Pilger ersucht nun nur noch drei Fragen stellen zu dürfen. Dies wird ihm gewährt. Er fragt:*

"Wer wohnte vor euch hier?" „Mein Vater"

„Wer wohnte vor eurem Vater hier?" „Mein Großvater"

„Wer wird nach euch hier wohnen? „Mein Sohn"

„Dann ist dies ein Gästehaus" sagte der Pilger, „denn verschiedene Gäste bewohnten es und werden es auch in Zukunft bewohnen."

Missionsreise

Im Gegensatz dazu steht bei der Missionsreise nicht das Heil des Reisenden selbst, sondern der zu Missionierenden, zu Bekehrenden im Vordergrund. Sie dient der Ausbreitung des Glaubens. Besonders aktiv waren und sind in diesem Bereich die christlichen Kirchen sowie der Islam.

Geschäftsreise

Sie dient wirtschaftlichen Zwecken. Neben dem Aufsuchen von Kunden, Lieferanten, Geschäftspartnern etc. etwa zum Zwecke von Besprechungen, Beratungen und Verhandlungen sind insbesondere die Messe- und Fortbildungsreisen zu nennen. Sie werden überwiegend individuell oder von kleineren Gruppen unternommen.
Politiker besuchen andere Länder meist in Begleitung einer Delegation, um Wirtschaftsbeziehungen anzuknüpfen und den Export des Landes anzukurbeln.

Forschungsreise

Wissenschaftliche Ziele verfolgen schließlich die Forschungsreisen, auch Expeditionen genannt. Teils dienen sie der bloßen Konsultation von Bibliotheken und Archiven in fremden Städten, häufig werden auch Ausgrabungen, Baudenkmäler, Gesteinsformationen, fremde Tier- und Pflanzenarten untersucht. Bräuche, Lieder, Tänze, Speisen anderer Völker werden erforscht und miteinander verglichen. Das Urbild des Forschungsreisenden stellt Alexander von Humboldt dar, der Anfang des 19.

Jahrhunderts Mittel- und Südamerika erkundet hat. Weitere Beispiele sind der Polarreisende Giuseppe Acerbi sowie später des Tibetforschers Heinrich Harrer.

Schulausflüge, Schikurse und Sportwochen

Diese sind im Schulgesetz geregelt. Sie dienen der Förderung der Klassengemeinschaft und dem Sport. Entstanden sind sie in einer Zeit, wo die meisten Eltern weder Zeit noch Geld hatten, um solche Reisen für ihre Kinder zu ermöglichen. Oft werden Schulausflüge zur Erweiterung und Ergänzung des Unterrichtes eingesetzt, um ein Museum, eine neue Gegend, eine Ausstellung zu besuchen.

Maturareise

Es ist fast schon Usus, dass die Schüler die bestandene Matura, das bestandene Abitur, mit einer Reise feiern. Bei manchen ist es die erste große Reise, die sie ohne ihre Eltern oder Lehrer machen dürfen. Es geht dabei locker, turbulent, ja ausgelassen zu. Auch Alkohol fließt in Strömen, Griechenland ist bekannt für seine Mega-Parties.

Entdeckungsreise

Mit so genannten Entdeckungsreisen sind etwa Marco Polo, Christoph Kolumbus, Vasco da Gama, Ferdinand Magellan und James Cook in bis dahin den Europäern unbekannte Teile der Welt vorgesto-

ßen. Heute ist dieser Reisetyp weitgehend nur noch von
historischer Bedeutung, was damit zusammen-
hängt, dass die Erde weitgehend als erkundet und
vermessen gilt. Ausnahmen mag es noch in unzu-
gänglichen Gebieten, etwa am Amazonas oder im
Himalaya, geben.
Ich kann natürlich für mich allein ein Land, eine
neue Welt entdecken und das Erlebte Entdeckungsreise nennen.

Zeitreise

Eine Zeitreise ist eine Bewegung in der Zeit, welche
vom gewöhnlichen Zeitablauf abweicht. Obwohl
gewisse Zeitreisen zwar physikalisch prinzipiell
möglich sind, übersteigt ihre praktische Durchfüh-
rung das Menschenmögliche bei Weitem. Der
Begriff wird jedoch auch in der Reise- und Touris-
musforschung verwendet.
Historische Romane sind Reisen in andere Zeiten.

Ferentino Aus der Zeit der Herniker sind noch
große Teile der Stadtmauer, eine sogenannte
Zyklopen- mauer mit zwei Toren aus dem 4. Jh.
v.Chr. und weiteren Toren aus der Römerzeit erhalten.

Die letzte Reise

Wohin gehen wir? Immer nach Hause, sagt Novalis.
Er spricht von unserer letzten Reise, der Reise nach
unserem Tod. Da wird die Seele vom Körper befreit. In vielen Religionen ist die Seele unsterblich.
Der tote Körper, die entseelte Hülle, wird begraben
und wird wieder zu Erde, zu Nahrung für neues
Leben. Die letzte Reise des Körpers des Verstorbenen geht zum Friedhof.
Friedrich Hundertwasser fand diese Art der Bestat-
tung unökologisch und sogar antireligiös. Er hat
sich im eigenen Garten ohne Sarg mit einem Lein-
tuch in 60 Zentimeter dicker Erdschicht begraben
lassen. In einem Tulpenbaum, der über seinem
Körper gepflanzt wurde, lebt Hundertwasser fak-
tisch weiter.
Die Seele ist nach dem Tod frei. Wir wissen nicht
wohin sie reist. Die verschiedenen Religionen haben verschiedene Vorstellungen von dem aus-
schließlich geistigen Weiterleben der Seele nach
dem Tod des Körpers.
Menschen,die bereits klinisch tot waren und wieder
zum Leben zurückkamen, erzählen, dass sie über
ihrem Körper schwebten, sich sehr wohl fühlten,
keine Schmerzen verspürten, dann aber – leider -
wieder in den Körper zurück mussten.
Ernest Hemingway wurde am 8. Juli 1918 durch
eine Granate schwer verwundet. Er erzählte: „Ich
spürte, wie sich meine Seele oder irgendetwas augenblicklich von meinem Körper löste. So wie man

ein seidenes Tuch an einem Zipfel aus einer Tasche zieht. Das Etwas flog herum, kam dann zurück und ging wieder in mich hinein, und ich war nicht mehr tot".

10 Reisetypen

1. Der **Familiäre**:
Das Zentrum seines Lebens ist seine Familie. Wenn sein Partner und seine Kinder im Urlaub glücklich sind, dann ist er es auch. Da er meist sparsam ist, bevorzugt er Schnäppchen für Familien und All-Inclusive-Angebote.

2. Der **Individualist**:
Er reist am liebsten im eigenen Auto oder nimmt ein Leihauto im fremden Land. Er hasst den Touristentrubel. Hausboot, kleine Insel, Ferienhaus, Landsitz, Wohnmobil, Geheimtyp,... wäre etwas Passendes für ihn.

3. Der **Abenteurer**:
Er liebt das Risiko, geht an seine Grenzen, taucht ohne Bedingungen in das fremde Land ein. Kein gängiger Reiseführer, sondern Tipps von Insidern, Spezialisten sucht er. Trekkingreisen, Pilottouren in unentdeckte Gebiete. Bus mit Schlafkojen. Weltweit unterwegs sein, wenig Komfort –viel Erlebnis.

4. Der **Entdecker**:
Er braucht kompetente Reiseleiter, lernt gerne Land und Leute kennen. Studienreisen sind sein Metier. Seine Reisen bucht er bei Spezialisten.

5. Der **Gesellige:**

Er liebt Gruppenreisen und Small Talk, schließt gerne Urlaubsbekanntschaften, die er auch später noch pflegt. Er unternimmt Gemeinschaftssport, Sport-Turnier, Tanzen,... Cluburlaube sind Seines.

6. Der **City-Fan**:

Er braucht das Flair der Großstadt, ist an Kunst und Kultur interessiert, geht gerne shoppen. Er bucht Städteflüge, oft nur für wenige Tage.

7. Der **Alternative**:

Sein Reiseziel ist das eigene Ich. Er ist kreativ und bevorzugt abgeschiedene Orte, aber auch Wellness für Körper, Geist und Seele. Meditationstrips, Trekking-Touren, Meditationsurlaube mit Malen, Golfen, Besuch von Kraftorten.

8. Der **Aktive**:

Er will den Tapetenwechsel, braucht Bewegung und Sport. Im Wandern, Radtouren, Klettern, Mountain-Biken, Tauchen,... sucht er Erholung.

9. Der **Kreuzfahrer**:

Er hat eine Affinität zum Wasser. Seine Heimat ist das Meer. Er genießt es, zu reisen, ohne das Hotel wechseln zu müssen. Je nach Schiffstyp kann er gesellig, sportlich, anspruchsvoll, alternativ, aktiv, bequem,... sein. Er ist Gourmand oder Gourmet.

10. Der **Verwöhnte**:

Er bevorzugt Top-Hotels, feines Essen und Spa-Anwendungen. Luxusreisen in Wellness-Hotels, auf Luxusschiffen, in Fünf-Sterne-Ressorts.

Reisesprüche im Altertum

Die Welt ist ein Buch. Wer nie reist, sieht nur eine Seite davon.
Augustinus Aurelius, römischer Kirchenlehrer

Wie Blinde zu gut Sehenden, so verhalten sich die, die nie eine Reise gemacht haben, zu Vielgereisten.
Philo von Alexandria, Über Abraham

Wenn du ein fremdes Land betrittst, frage,was dort verboten ist.
Konfuzius

Die, die das Leben auf Reisen verbringen, erleben dass sie zwar viele Reisebekanntschaften haben, aber keine Freunde.
Seneca

Wer das Recht des Fremden verletzt, der verletzt das Recht Gottes.
Talmud

Wohin du auch gehst, geh mit deinem ganzen Herzen.
Konfuzius (551-479 v.Chr.)

Wer sein Haus verlässt und nach Wissen sucht, wandert auf Gottes Pfaden. Und wer reist, um Wissen zu finden, dem wird Gott das Paradies zeigen.
Aus dem Koran

Ein Gast bin ich im fremden Land geworden.
Mose, Exodus, 2,22

Weshalb zogst du so fernen Weges,
quertest mühsam zu querende Ströme,
gern wüsst ich, worum es dir geht?
Ich bin auf der Suche nach dem Paradies.
Aus dem Gilgamesch-Epos

Man sollte sich auf die richtigen Beweggründe des
Reisens besinnen, sich selber vergessen und im
Namenlosen untertauchen. In der Heimat genießt
man ein bestimmtes bürgerliches Ansehen, ist ge-
bunden durch Vorschriften, Gewohnheiten und
Pflichten, und so ist der eigentliche Vorwand des
Reisens, in eine Lebensgemeinschaft einzutreten,
in der man ein x-beliebiger Mensch ist und nichts
weiter.
Kung-Fu-Tse (551 v.Chr.)

Es kommt mehr darauf an, wie du kommst, als wohin du reisest; deshalb sollten wir unser Herz nicht
einem bestimmten Ort verschreiben. Es gilt die
Einsicht zum Lebensgrundsatz zu machen, dass
man nicht für einen einzelnen Winkel geboren, sondern dass die ganze Welt unser Vaterland ist.
Seneca (1. Jh. n.Chr.)

Wird man gebraucht, erfüllt man seine Pflicht. Wird
man nicht mehr gebraucht, zieht man sich zurück.
Konfuzius

Der echte Reisende ist ein Landstreicher mit Freuden und Versuchungen und der Abenteuerlust.
Konfuzius (551-479 v.Chr.), chin. Philosoph, bestimmend für die Gesellschafts- u. Sozialordnung Chinas

Den Himmelsstrich, nicht ihr Innerstes wechseln, die das Meer überschiffen. *Horaz, (65 - 8 v.Chr.)*

Der wahre Reisende hat keinen festgelegten Weg, noch will er an ein Ziel.
Lao-tse (4. Jahrh. v.Chr.)

Wie könntest du auf Reisen deine Sorgen vergessen? Du nimmst immer dich doch selber mit.
Sokrates (470 - 399 v. Chr.)

Wer durch Reisen klüger werden will, darf sich nicht selbst mitnehmen.
Sokrates (470 - 399 v. Chr.)

Ein Leben ohne Freude ist wie eine Reise ohne Gasthaus.
Demokrit (460 - 371 v. Chr.)

Der längste Teil einer Reise – sagt man – ist das Durchschreiten der Haustür.
Marcus Trentus Varro (116 – 27 v. Chr.)

Es ist absurd, das Gepäck zu mehren, wenn sich die Reise dem Ende nähert.
Marcus Tullius Cicero (106 – 43 v. Chr.)

Der Ausgangspunkt für die großartigsten Reisen liegt in oft kaum wahrnehmbaren Gelegenheiten.
Demosthenes

Goethe über das Reisen

Man reist nicht um anzukommen, sondern um zu reisen.
Johann Wolfgang von Goethe
28.08.1749 - 22.03.1832, deutscher Dichter der Klassik, Naturwissenschafter und Staatsmann

Wenn mein Sohn von Frankfurt nach Mainz reist, so bringt er mehr Kenntnis heim als andere aus Amerika.
Katharina Elisabeth Goethe, über Johann Wolfgang von Goethe

Die beste Bildung findet ein gescheiter Mensch auf Reisen!
Johann Wolfgang von Goethe

Das Land, das die Fremden nicht beschützt, geht bald unter.
Johann Wolfgang von Goethe

Eine Reise gleicht einem Spiel.
Es ist immer etwas Gewinn und Verlust dabei - meist von der unerwarteten Seite.
Johann Wolfgang von Goethe

Es ist gar schön, an einem Orte fremd sein,
und doch so notwendig, eine Heimat zu haben.
Johann Wolfgang von Goethe

In jeder großen Trennung liegt ein Keim von Wahn-
sinn; man muss sich hüten, ihn nachdenklich aus-
zubrüten und zu pflegen.
Johann Wolfgang von Goethe

Bleibe nicht an Boden haften,
frisch gewagt und frisch heraus!
Kopf und Arm mit heit'ren Kräften,
überall sind sie zu Haus.

Wo wir uns der Sonne freuen
sind wir jede Sorge los. Dass wir uns in ihr zer-
streuen, darum ist die Welt so groß.
Johann Wolfgang von Goethe

Kluge Menschen über das Reisen

Der Sinn des Reisens besteht darin, die Vorstellungen mit der Wirklichkeit auszugleichen, und anstatt zu denken, wie die Dinge sein könnten, sie so zu sehen, wie sie sind.
Samuel Johnson, 18.09.1709 - 13.12.1784
engl. Gelehrter, Schriftsteller und Kritiker

"Das Leben ist eine Reise. Nimm nicht zu viel Gepäck mit."
Billy Idol, BRIGITTE 09/2005

Je entfernter dein Reiseziel, desto häufiger die Einladung, doch bald wiederzukommen.
*Fritz-J. Schaarschuh, (*1935), deutscher Philologe und Aphoristiker*

Die Wohlgerüche Persiens werden oft genannt, aber wenn man hinkömmt, sieht man nichts davon.
Johann Georg August Galletti, (1750 - 1828), deutscher Historiker, Geograph und Gymnasiallehrer, genannt »der zerstreute Professor aus Gotha«, gilt als der Vater der Kathederblüte

Ein Come-back ist schlecht möglich, wenn du nicht vorher irgendwo gewesen bist.
*Willy Meurer, (*1934), deutsch-kanadischer Kaufmann, Aphoristiker und Publizist, M.H.R. (Member of the Human Race), Toronto*

Die Neigung, sich für fremde Nationalitäten und National-Bestrebungen zu begeistern, auch dann, wenn dieselben nur auf Kosten des eigenen Vaterlands verwirklicht werden können, ist eine politische Krankheitsform.
Otto Graf von Bismarck, (1815 - 1898), Fürst von Berlin-Schönhausen, Herzog von Lauenburg, Gründer und 1. Kanzler des deutschen Reiches 1871

Es kommt niemals ein Pilger nach Hause, ohne ein Vorurteil weniger und eine neue Idee mehr zu haben.
Thomas Morus, (1478 - 1535 enthauptet), auch Sir Thomas More, englischer Staatskanzler und Humanist, verweigerte den Gehorsamseid gegenüber der Kirchenpolitik Heinrichs VIII. aus Treue zum Papst

"Die längste Reise ist die Reise nach innen."
Dag Hammarskjöld

Eine Nacht im Grandhotel ist Luxus für den Körper. Eine Nacht unterm Sternenzelt ist Luxus für die Seele.
Till Eitel, Reisende Worte, 1993,

Wenn einer eine Reise tut,
So kann er was erzählen;
Drum nähm ich meinen Stock und Hut
Und tät das Reisen wählen." –
Matthias Claudius im Gedicht
"Urians Reise um die Welt"

Von allen Ursachen des Nationalhasses ist die Unwissenheit die mächtigste. Wenn der Verkehr zunimmt, nimmt die Unwissenheit ab, und so vermindert sich der Hass.
Henry Thomas Buckle, Geschichte der Zivilisation

Keiner sollte ein Land zu regieren wagen, der es nicht für einige Zeit von außen gesehen hat.
Hermann Josef Abs

Man reist nicht billiger und nicht schneller als in Gedanken.
Georg Weerth, Leben und Taten des berühmten Ritters Schnapphahnski

Oft führt ein Pauschalurlaub nur zu einem Pauschalurteil.
Till Eitel, Reisende Worte, 1993

Reisen bildet nicht nur den Reisenden, sondern auch die Bereisten.
Till Eitel, Reisende Worte, 1993

Vagabundage ist Befreiung, und das Reiseleben auf allen Straßen ist Freiheit.
Isabelle Eberhardt

Heimat erkennt und schätzt der Mensch meist erst im Ausland.
Stefan Wittlin,(*1961), Schweizer "Medicus-Canis", Kynologe-Hundetherapeut, Tierpsychologe, Buchautor und Kolumnist

Wer sich im Urlaub wie zu Hause fühlen möchte, sollte lieber gleich zu Hause bleiben.
Till Eitel, Reisende Worte, 1993

Wir träumen von Reisen in das Weltall. Ist denn das Weltall nicht in uns?"
Novalis, Blütenstaub

Soviel Alkohol, soviel Drogen. Noch nie gab es so bequeme Verkehrsmittel, so gut eingerichtete Wohnungen, so hohen Lebensstandard. Und noch nie gab es soviel kaputte Ehen, soviel zerrüttete Familien. Noch nie gab es so wenig Freude.
Phil Bosmans

Wir sollten wieder lernen, aus der Freizeit Muße zu machen.
Otto Flake

Der Unstete ist überall daheim. Aber nirgends zu Hause.
Werner Mitsch, (*1936), deutscher Aphoristiker

Alle Welt reist. So gewiss in alten Tagen eine Wetterunterhaltung war, so gewiss ist jetzt eine Reiseunterhaltung. „Wo waren Sie in diesem Sommer?"
Theodor Fontane, Von vor und nach der Reise

Ich reise niemals ohne mein Tagebuch. Man sollte immer etwas Aufregendes zu lesen bei sich haben.
Oscar Wilde, Ernst muss man sein.

Der Ursprung des Daseins ist die Bewegung. Folglich kann es darin keine Bewegungslosigkeit geben, denn wäre das Dasein bewegungslos, so würde es zu seinem Ursprung zurückkehren, und der ist das Nichts. Deshalb nimmt das Reisen nie ein Ende, nicht in der höheren und auch nicht in der niederen Welt.
Ibn Arabi, Kitab Al-Isfar (Das Buch der Entschleierung der Auswirkung des Reisens)

Die Reise mahnt uns, stets im Sinn zu halten und darauf bedacht zu sein, das eigene Land zu suchen. Du weißt es, glaub ich nicht: dies Land heißt Paradies.
Otfrid von Weißenburg, Evangelienbuch

Einen gepackten Reisewagen und einen Dolch sollte ein jeder haben; dass, wenn er sich fühlt, er gleich abreisen kann.
Rahel Varnhagen, Briefe

Manche Leute reisen, um Neues zu sehen; aber sie sehen das Neue leider immer mit alten Augen.
Charlotte von Kalb, (1761 - 1843), geborene Marschalk von Ostheim, deutsche Schriftstellerin, 1784 in Mannheim mit Schiller befreundet, später mit Hölderlin, ab 1796 mit Jean Paul

Es ist ein angenehmes Gefühl, auf dem Rücken zu liegen und den leichten, weißen Wolken nachzueifern mit reiselustigen Gedanken.
Paul Zech, Die Vögel des Herrn Langfoot.

Die meisten reisen nur, um wieder heimzukommen.
Michel de Montaigne, (1533 - 1592), eigentlich Michel Eyquem, Seigneur de Montaigne, französischer Philosoph und Essayist

Erst die Fremde lehrt uns, was wir an der Heimat besitzen.
Theodor Fontane, (1819 - 1898), deutscher Journalist, Erzähler und Theaterkritiker

Manchen bringen lange Reisen vollends ins Verderben und um die letzte Spur von Religion.
Jean de La Bruyère, (1645 - 1696), französischer Moralist und Aphoristiker

Reisen bringt dich auch dem Fremden in dir näher!
*Helga Schäferling, (*1957), deutsche Sozialpädagogin*

Die Ärzte halten eine länger dauernde Reise, vorzüglich in südlichere Gegenden, für das einzige Mittel, meinem Körper und Geiste jene Spannkraft wiederzugeben, durch die allein alles Leben und Wirken bedingt wird...
Franz Grillparzer, (1791 - 1872),
Wiener Hofkonzipist und Burgtheaterdichter

Reis Die gefährlichste aller Weltanschauungen ist die Weltanschauung der Leute, welche die Welt nie angeschaut haben.
A. von Humboldt

Reisen beruhigen das Gemüt und wecken die Lebenslust, wenn sie das Neue und Fremde und Edle zeigen, der tätige Müßiggang, welchen sie herbeiführen, heilt sicher meine Nerven bald.

Alexander von der Marwitz, (1787 - 1814 gefallen)

I n Italien laufen sie blind an tausend leisen Schönheiten vorbei zu jenen offiziellen Sehenswürdigkeiten hin, die sie doch meistens nur enttäuschen, weil sie, statt irgendein Verhältnis zu den Dingen zu gewinnen, nur den Abstand merken zwischen ihrer verdrießlichen Hast und dem feierlich-pedantischen Urteil des Kunstgeschichtsprofessors, welches der Baedeker ehrfurchtsvoll gedruckt verzeichnet. Fast würde ich denen den Vorzug geben, welche als erste, weit überragende Erinnerung mitbringen: das gute Kotelett, welches sie gegessen haben; denn sie bringen doch wenigstens eine aufrichtige Freude mit, etwas Lebendiges. Eigenes. Intimes.

Rainer Maria Rilke, (1875 - 1926), eigentlich René Karl Wilhelm Johann Josef Maria, österreichischer Erzähler und Lyriker

Ich bin in einer neuen Welt und befinde mich darin umso besser, je weniger die alte nach meinem Sinne war. Dieses Kommen und Gehen, dieses Schauen und Genießen; bei Gott! Ich könnte mein ganzes Leben so zubringen, obwohl nichts dabei herauskäme, denke ich.

Franz Grillparzer, (1791 - 1872),
Wiener Hofkonzipist und Burgtheaterdichter

Oft sagt ein Reisebericht mehr über den Berichten-
den aus als über die Reise.
Brigitte Fuchs, (*1951), Schweizer Autorin, Lyrike-
rin, Sprachspielerin; siehe auch
www.brigittefuchs.ch

Die weitesten Reisen unternimmt man mit dem
Kopf.
Joseph Conrad, (1857 - 1924), eigentlich Theodor
Jósef Konrad Korzeniowski, englischer Kapitän und
Erzähler polnischer Herkunft

Ich höre nachts die Lokomotiven pfeifen, sehnsüch-
tig schreit die Ferne, und ich drehe mich im Bett
herum und denke: "Reisen..."
Kurt Tucholsky, (1890 - 1935 Freitod), Pseudonym
Kaspar Hauser, Peter Panter, Theobald Tiger, Ignaz
Wrobel, deutscher Schriftsteller und Journalist, Lite-
ratur- und Theaterkritiker der Zeitschrift »Die
Schaubühne«

Auch der Vielgereiste fuhr nur bis zur Grenze
seines Horizonts.
Martin Gerhard Reisenberg, (*1949), Diplom-
Bibliothekar in Leipzig und Autor

Dass wir in den schönsten und reichsten Ländern
und besonders in den durch Naturschönheiten sich
auszeichnenden Gebirgsgegenden die muntersten,
tätigsten und geistreichsten Menschen finden.
Christian Garve (1742- 1798), deutscher Philosoph

Es gibt für einen Menschen nicht nur eine richtige Art, zu reisen; es gibt einige, die gerade ihm adäquater sind als andere.
Kurt Tucholsky, (1890 - 1935 Freitod), Pseudonym Kaspar Hauser, Peter Panter, Theobald Tiger, Ignaz Wrobel, deutscher Schriftsteller und Journalist.
Gottlob, begrub man dieses Jahr, so häufig das Erkranken war, vier Kinder nur und einen Greisen; denn unser Doktor ist auf Reisen.
Friedrich Haug

Das sind die Weisen, die durch Irrtum zur Wahrheit reisen, die bei dem Irrtum verharren, sind die Narren.
Friedrich Rückert

Mögen Sie auf Reisen gehen oder an Ihrem Kamin und bei Ihrer Frau hocken bleiben, stets kommt eine Altersstufe, auf der das Leben nichts weiter ist als eine in einem gewissen Lieblingsmilieu ausgeübte Gewohnheit. Dann besteht das Glück in der Betätigung unserer dem Wirklichen angepassten Fähigkeiten.
Honoré de Balzac

Das Lesen nimmt so gut wie das Reisen die Einseitigkeit aus dem Kopfe.
Jean Paul

Nicht in die Ferne, in die Tiefe sollst du reisen.
Ralph Waldo Emerson

Glücklich ist, wer vom Reisen als beste Beute den Spruch heimbringt: Gottlob, dass ich wieder zu Hause bin.
Jeremias Gotthelf
Je länger man lebt, desto kürzer werden uns die Jahre. Denke an das Reisen: ein Vormittag auf der Reise zugebracht ist länger als zehn Vormittage zu Hause; aber warum? Die Menge neuer Gegenstände vervielfacht die Aufmerksamkeiten oder die Ideen, als Zeitmesser. Ebenso scheint uns die Jugend länger, weil in ihr alles neu ist und also die Zeit verdoppelt, im Alter aber alles einförmig wiederkehrt.
Jean Paul

Du willst mit nüchternem Verstand das Göttliche beweisen? Das heißt, nach einem Fabelland auf Eisenbahnen reisen.
Otto von Leixner

Mit der Hoffnung zu reisen ist besser, als das Ziel zu erreichen.
Robert Louis Stevenson

Reisen ist in jedem Augenblick geboren werden und sterben.
Victor Hugo

Das viele Reisen in meinem Beruf hat einen hohen Lästigkeitswert.
*Roland Berger (*1937), dt. Unternehmensberater*

Reisen = Entdecken, dass alle unrecht haben mit dem, was sie über andere Länder denken.

Aldous Huxley (1894-1963), engl. Schriftsteller

Reisende, die verlangen, dass jede Nation ihrer eigenen gleichen soll, täten besser daran, zu Hause zu bleiben. (Es ist schon etwas Seltsames: Die einen reisen ins Ausland, um sich an den fremden Farben, Gerüchen, Landschaften und Menschen zu berauschen. Und die anderen wollen überall Sauerkraut und deutsches Bier, von Mallorca bis Neuseeland. Zumindest eines können wir daraus lernen: dass manche Menschen für Neuerungen aufgeschlossen sind, andere aber nicht. Für ein Unternehmen / einen Verband / einen Verein / eine Partei wie unseres / unseren / unsere heißt es, einen gangbaren Weg zwischen Kontinuität und Erneuerung zu finden. Darüber wollen wir heute reden ..)
Mary Wollstonecraft (1759-97), engl. Schriftstellerin, Begr. engl. Frauenrechts- Bewegung

Ein Reisender ist ein Mensch, der sein Leben in vollen Zügen genießt.
Elisabeth Schöffl-Pöll

Spätestens wenn die Kinder fragen, wo bei der Kuh die Butter rauskommt, hilft nur noch eins - Urlaub auf dem Bauernhof.
*Friedrich Küppersbusch (*1961), dt. Journalist*

Reisen Sie langsam. Wenn Sie Zeit für acht Länder haben, nehmen Sie fünf. Wenn Sie durch fünf hetzen wollen, nehmen Sie drei.
Kate Simon

Abenteuerurlaub besteht aus siebzig Prozent Vor-
freude und aus dreißig Prozent Nachsorge. Meine
Vorfreude auf unser heutiges Treffen betrug 100
Prozent, so dass Sie sich um die Nachsorge keine
Gedanken zu machen brauchen.
*Alberto Sordi (*1920), ital. Filmkomiker*

Für Urlaub habe ich keine Zeit. Zwischendurch fah-
re ich zum Ausspannen auf mein Schloss in die Bre-
tagne oder nach Monte Carlo.
*Karl Lagerfeld (*1938), dt. Modeschöpfer*

Urlaub - das ist jene Zeit, in der man zum Ausspannen eingespannt wird.
Hans Söhnker (1903-81), dt. Schauspieler

Wir träumen lange vom Urlaub, aber kein Urlaub
hält diesen Träumen stand.
*Ernst R. Hauschka (*1926), dt. Aphoristiker u. Bibliothekar*

Am ersten Urlaubstag schlagen wir Fliegen tot, am
zweiten ignorieren wir sie und am dritten sagen wir
"Ihr könnt mich mal – aufessen!"
*Pavel Kosorin, (*1964), tschechischer Schriftsteller
und Aphoristiker*

Darfs' ein bisschen Meer sein?
*Walter Ludin, (*1945), Schweizer Journalist, Redakteur, Aphoristiker und Buchautor*

Viele jagen im Urlaub nach Erholung und sind an-
schließend ganz erledigt.
*Siegfried Wache, (*1951), technischer Zeichner,
Luftfahrzeugtechniker und Buchautor,* Florida-
Urlauber.

Wer hier zum faulen Gaffen ruht,
der ist daheim beim Raffen gut.
*Dr. Sigbert Latzel, (*1931), Germanist, Philosoph,
Schriftsteller und Aphoristiker*

Ferienzeit! Nicht Worte, nicht Bücher erschöpfen
den Zauber, den diese vier Silben bergen.
*Ludwig Ganghofer, (1855 - 1920), deutscher Volks-
schriftsteller und Heimatromanautor*

Der erste Satz nach der Rückkehr aus dem Pauschalurlaub: "Ich will meinen Anwalt sprechen!"
*Frank Wisniewski, (*1957), Informatiker, Technischer Redakteur und Systemanalytiker*

Im Urlaub will uns endlich die Phantasie erleben.
*Elmar Kupke, (*1942), deutscher Aphoristiker und Stadtphilosoph*

Erholsam? Urlaub, das ist für viele:
Man muss sich nicht warm anziehen und verträgt mehr Alkohol.
*Peter Hohl, (*1941), deutscher Journalist und Verleger, Redakteur, Moderator und Aphoristiker*

Man soll nicht im Urlaub ein anderer Mensch sein, sondern nach dem Urlaub.
*Prof. Dr. med. Gerhard Uhlenbruck, (*1929), deutscher Immunbiologe und Aphoristiker*

Wer einem Fremdling nicht sich freundlich mag erweisen, der war wohl selber nie im fremden Land auf Reisen.
Friedrich Rückert, (1788 - 1866), alias Freimund Raimar, deutscher Dichter, Lyriker und Übersetzer

Zum Tapetenwechsel wider Willen
wieder mal auf die Antillen.
*Peter Silie, (*1938), eigentlich Klaus Klages, deutscher Gebrauchsphilosoph und Kalenderverleger*

Im Urlaub war er auf den Bikinis und
am Tangawald bis sein Bypass abgelaufen war.
Erhard Horst Bellermann, (*1937), deutscher Bau-
ingenieur, Dichter und Aphoristiker

Hält der Maler am falschen Ende den Pinsel,
ist er ganz sicher reif für die Insel!
Thomas Strobel,

Ferien: die Zeit sein lassen
Anke Maggauer-Kirsche, (*1948), deutsche Lyrike-
rin, Aphoristikerin und Betagtenbetreuerin in der
Schweiz

Ausländerhass werde ich erst dann verstehen,
wenn mir jemand den Unterschied zwischen dem
Kuss eines Deutschen und eines Türken zeigen
kann.
Damaris Wieser, (*1977), deutsche Lyrikerin und
Dichterin

Nimm ein Stück Seele des Reiselandes in dir auf
und lasse deine Wertschätzung in den Herzen der
Menschen zurück.
Helga Schäferling, (*1957), dt. Sozialpädagogin

Alle Menschen sind Ausländer, fast überall.
Alle Rassisten sind Arschlöcher, überall.
Gegen Ausländer habe ich nur, dass ich keiner bin.
Erhard Blanck, (*1942), deutscher Heilpraktiker,
Schriftsteller und Maler

Ich habe in der Tat so manches Vorurteil bei Ausländern. Ich denke zum Beispiel, dass die meisten Ausländer besser mit ihren Alten und ihren Kindern umgehen, als wir es für gewöhnlich tun.
Ralf Brebeck, deutscher Autor

Wenn die Leute Menschen wären, gäbe es kein Ausländerproblem.
*Peter e. schumacher, (*1941), deutscher Aphorismensammler und Publizist*

Wo kämen wir hin,
wenn keiner mehr reisen würde?
Werner Mitsch, dt. Aphoristiker, geb. 1936

Müssen die meisten Menschen für die meisten
Menschen Ausländer sein?
*Dr. phil. Manfred Hinrich, (*1926), deutscher Philo-
soph, Lehrer, Journalist, Kinderliederautor, Aphoristiker und Schriftsteller*

Mancher bringt Freude, wohin er auch geht,
ein anderer, wann immer er geht.
*Oscar Wilde, (1854 - 1900), eigentlich Oscar Fingal
O'Flahertie Wills, irischer Lyriker, Dramatiker und
Bühnenautor*

Zu denken, was die anderen über uns denken, ist
nichts anderes, als eine unerlaubte Einmischung in
fremde Angelegenheiten...
*Ernst Ferstl, österr. Lehrer, Dichter u. Aphoristiker,
geb. 1955*

Tourismus heißt, in einem fremden Land gewesen
zu sein und es geschafft zu haben,
keinen Einheimischen kennenzulernen.
Rudolf Rolfs, dt. Theater-Leiter u. Autor

Reisen heißt, an ein Ziel kommen. Wandern heißt,
unterwegs sein.
Viele Menschen reisen hauptsächlich deshalb, um
den Baedeker auf seine Richtigkeit zu prüfen.
G. Mikes

„Warum", fragte einmal ein Freund,„musst du denn
durchaus auf diesen Berg hinauf?" „Weil er da ist."
George Mallory.

Er suchte die Gefahr, denn er wollte einmal
erfahren, was er bei seiner Geburt nicht erlebte;
wie einem das Leben geschenkt wird.
Vauvenargues

Wir sind Wanderer. Ein jeder Schritt ist die
Überwindung des Vergangenen, eine Eroberung
des Jetzt und ein Hineinschreiten in die Zukunft.
Johannes Adam

Nur Reisen ist Leben, wie umgekehrt das Leben
Reisen ist.
Jean Paul

Reisen ist tödlich für Vorurteile.
Mark Twain (1835 - 1910)

Ich stelle mir bisweilen vor, wenn ich durch die
Straßen gehe, ich sei ein Fremder, und erst dann
entdecke ich, wie viel zu sehen ist, wo ich sonst
achtlos vorübergehe.
Rabindranath Tagore (1861-1941)

Und wenn wir die ganze Welt durchreisen,
um das Schöne zu finden: Wir mögen es in uns
tragen, sonst finden wir es nicht.
Ralph Waldo Emerson

Das Leben ist wie ein Buch, und wer nicht reist,
liest nur ein wenig davon!
Jean Paul (1763 - 1825)

Das Reisen bildet sehr; es entwöhnt von allen Vorurteilen des Volkes, des Glaubens, der Familie, der Erziehung. Es gibt den humanen duldsamen Sinn, den allgemeinen Charakter. Wer dagegen nichts sah, was ihn in der Sphäre, worin er lebt, umgibt, hält leicht alles für notwendig und einzig in der Welt, weil es in seiner Heimat dafür gilt.
Immanuel Kant (1724-1804)

Zum Reisen gehört Geduld, Mut, guter Humor, Vergessenheit aller häuslichen Sorgen, und dass man sich durch widrige Zufälle, Schwierigkeiten, böses Wetter, schlechte Kost und dergleichen nicht nieder schlagen lässt.
Adolf Freiherr v. Knigge (1752 - 1796)

Reisen veredelt den Geist und räumt mit allen anderen Vorurteilen auf.
Oscar Wilde (1900 - 1956)

Eine Reise ist ein vortreffliches Heilmittel für verworrene Zustände.
Franz Grillparzer (1791 - 1872)

Und wer, wie der Zugvogel, Rettung sucht durch Wechsel des Ortes, der findet sie nicht, denn für ihn ist die Welt überall gleich.
Anton Tschechow
Die meisten Touristen sind wie junge Hunde; sie beschnuppern alles und lernen nur wenig dazu.
Ernst R. Hauschka (geb. 1926)

Die Leidenschaft des Reisens ist das weiseste
Laster, welches die Erde kennt.
Bruno H. Bürgel (1875 - 1948)

Eins, zwei, drei im Sauseschritt läuft die Zeit, wir
laufen mit, Schaffen, schuften, werden älter,
träger, müder und auch kälter. Bis auf einmal man
erkennt; Dass, das Leben geht zu End! Viel zu spät
begreifen viele die versäumten Lebensziele:
Freude, Schönheit der Natur, Gesundheit, Reisen
und Kultur, Drum Mensch, sei zeitig weise! Höchste
Zeit ist´s: Reise, reise!
Wilhelm Busch

Störend sind beim Reisen nur die Kosten
Michel de Montaigne

Niemals habe ich soviel gedacht, niemals so richtig
gelebt, nie bin ich so ich selbst gewesen wie auf
Reisen. Wenn ich am gleichen Fleck bleibe, kann
ich nicht denken. Es ist notwendig, dass mein Körper sich bewegt, um meinen Geist zu bewegen. Der
Blick auf die Landschaft, der Reigen lieblicher
Aussichten, die freie Luft, die Abschüttelung all
dessen, was mich in Abhängigkeit hält, weitet
meine Seele und macht mich kühn im Denken.
Jean Jacques Rousseau (1712 - 1778)

Reisen können, ist eine der schwierigsten Künste.
Eigentlich müsste man es im Hauptberuf betreiben.
Walter Nissen

Einen besonderen Rat will ich dir geben, für den du mir oft mit Jubel danken wirst. Spare für Fernreisen! Wenn du auch noch so schmal gehalten wirst, so wirf dir, wenn du willst, jeden Tag ein Scherflein ab, ohne dass du deshalb darben musst.
Aus diesem kleinen täglichen Scherflein erwachsen die herrlichsten Tage und Wochen.
Peter Rossegger (1843 - 1918)

Heimweh haben heißt nicht unbedingt heimgehen wollen.
Cla Biert 1920–1981, schweizer Schriftsteller

Wer die Enge seiner Heimat ermessen will, reise. Wer die Enge seiner Zeit ermessen will, studiere Geschichte.
Kurt Tucholsky

Die größte Sehenswürdigkeit, die es gibt, ist die Welt - sieh sie dir an.
Kurt Tuchky

In den besten Reisebeschreibungen interessiert uns doch der Reisende am meisten, wenn er sich nur zeigen mag. Wer eine Reise beschreibt, beschreibt damit sich immer auch selber.
Jean Paul, (1763 - 1825), eigentlich Johann Paul Friedrich Richter, deutscher Dichter, Publizist.

Reisen bildet.
Tourismus bildet Vorurteile auf beiden Seiten.
*Erhard Blanck, (*1942), deutscher Heilpraktiker, Schriftsteller und Maler*

So wie du dich vorbereitest,
wird deine weitere Reise sein.
*Irina Rauthmann, (*1958), deutsche Aphoristikerin und Lyrikerin*

Am meisten über einen Menschen sagt nicht aus,
wie er mit Freunden umgeht,
sondern mit Fremden.
Unbekannt

Die Fremden haben unser Land ausgewählt.
Wir nicht.
*Walter Ludin, (*1945), Schweizer Journalist, Redakteur, Aphoristiker und Buchautor*

Die wirkliche Entdeckungsreise besteht nicht darin neue Landschaften zu erforschen, sondern darin, altes mit neuen Augen zu sehen!
Marcel Proust, (1871 - 1922), franz. Feuilletonist, Erzähler und Romanautor

Manchmal hat man das Gefühl, die Menschen
würden sogar den ersten außerirdischen Besucher
sofort in Abschiebehaft setzen ...
Wolfgang J. Reus, (1959 - 2006),
deutscher Journalist

Dein Christus ist ein Jude
Dein Auto ist ein Japaner
Deine Pizza ist italienisch
Dein Mittagsmahl ist chinesisch
Dein Champagner ist französisch
Deine Demokratie ist griechisch
Dein Kaffee ist brasilianisch
Dein Urlaub ist türkisch
Deine Schrift ist lateinisch
Und Dein Nachbar ist nur ein Ausländer?
die ersten Zeilen unbekannter Herkunft,
vervollkommnet von Heinrich A. Schmidt

Gott kennt keine Fremden.
*Walter Ludin, (*1945), Schweizer Journalist,*
Redakteur, Aphoristiker und Buchautor

Sage mir, wie ein Volk seine Kinder behandelt,
und ich sage dir, wie es seine Fremden behandelt..
Klaus Zankl, dt. Aphoristiker u. Zeitkritiker

Einer von vier Menschen ist ein Chinese. Falls dein
Vater; deine Mutter und deine Schwester es nicht
sind; dann bist du einer.
Unbekannt

Reisen ist vor allem für den Künstler anregend, dessen häuslicher Krempel ihn von neuen Horizonten ablenkt.
Andreas Otto, dt. Zeichner u. Karikaturist, geb. 1962

Urlaub ist
die Fortsetzung des Familienlebens
unter erschwerten Bedingungen.
Dieter Hildebrandt, dt. Kabarettist u. Schauspieler

Es liegt in unserer Natur, alles Ausländische in seiner Art zu würdigen, und sich fremder Eigentümlichkeit zu bequemen.
J.P. Eckermann, Gespräche mit Goethe

Warum reisen wir? Auch dies, damit wir Menschen begegnen, die nicht meinen, dass sie uns kennen ein für allemal; damit wir noch einmal erfahren, was uns in diesem Leben möglich sei –
Es ist ohnehin schon wenig genug.
Max Frisch

Irrtümer haben ihren Wert, jedoch nur hie und da.
Nicht jeder, der nach Indien fährt,
entdeckt Amerika.
Erich Kästner

Es ist gut, dass sie sich ihr kleines Zimmer durch Reisebeschreibungen recht groß und weit machen.
Schiller

Man kann beobachten, dass eines jeden Menschen Sehnsucht nach derjenigen Gegend reist, in welcher er das meiste und kräftigste Licht und die sattesten Farben wahrgenommen hat.
Carl Spitteler

Am Ende reisen wir alle sehr leicht. Es bleiben uns nur noch die Erinnerungen. Möglicherweise sind sie unser schwerstes Gepäck...
Keri Hulme

Eine Reise ist ein vortreffliches Heilmittel
für verworrene Zustände.
Franz Grillparzer (1791 - 1872)

Jeder Mensch brauch dann und wann ein bisschen Wüste!
Sven Hedin (1865 - 1952)

Reisen sind das beste Mittel zur Selbstbildung.
Karl Julius Weber
Oh, es ist ein gar charmantes herrliches Ding ums Reisen .Reisen muss man, oder man kommt hinter zu nichts.
Voltaire (1694 - 1778)

Ist die Liebe selber eine Reise in gänzlich neues Leben, so wird der Wert der Fremde,
der gemeinsam erfahrenen, durch sie verdoppelt.
Ernst Bloch

Wir müssen nicht glauben, dass alle Wunder der Natur nur in anderen Ländern und Weltteilen seien. Sie sind überall. Aber diejenigen, die uns umgeben, achten wir nicht, weil wir sie von Kindheit an, täglich sehen.
Johann Peter Hebel

Manche Menschen reisen hauptsächlich in den Urlaub, um Ansichtskarten zu kaufen, obwohl es doch vernünftiger wäre, sich diese Karten kommen zu lassen.
Robert Musil

Die Ehe ist und bleibt die wichtigste Entdeckungsreise, die der Mensch unternehmen kann.
Sören Kierkegaard

Wir sollten auf die Lebensreise vor allem solche Dinge mitnehmen, die bei einem Schiffbruch mit uns gerettet werden können.
Pindar

Menschen, die sich überall zu Hause fühlen, wenn sie verreisen, verdienen auch sonst nicht viel Vertrauen.
George Bernard Shaw

Im Menschenleben ist es wie auf der Reise.
Die ersten Schritte bestimmen den ganzen Weg.
Arthur Schopenhauer

Unsere Taten begleiten uns noch lange auf unserer Reise und was wir einmal waren, macht uns zu dem, was wir sind.
George Eliot

Wer in ein Land reist, ehe er einiges von dessen Sprache erlernt hat, geht in die Schule, aber nicht auf Reisen.
Francis Bacon
Reisen, mein Lieber, macht mich gesund. Ich bin nie gesünder, als wenn mich das Posthorn weckt.
Georg Christoph Lichtenberg

Die Hochzeitsreise ist der erste Versuch, der Ehe-Realität zu entgehen.
August Strindberg

Eine Fahrt mit der Eisenbahn kann ich beim besten Willen nicht als Reise bezeichnen. Man wird ja lediglich von einem Ort zum anderen befördert und unterscheidet sich damit nur sehr wenig von einem Paket.
John Ruskin

Gespräche sind wie Reisen zu Schiff.
Nicolas Chamfort

Wie es Leute gibt, die Bücher wirklich studieren, und andere, die sie nur durchblättern, gibt es Reisende, die es mit Ländern ebenso machen: Sie studieren sie nicht, sondern blättern sie nur durch.
Ferdinando Galiani

Allein aus Freude am Sehen und ohne Hoffnung, seine Eindrücke und Erlebnisse mitteilen zu dürfen, würde niemand über das Meer fahren.
Blaise Pascal

Entspanne dich, lass das Steuer los, trudle durch die Welt, sie ist so schön.
Kurt Tucholsky

Abschiedsworte müssen kurz sein wie eine Liebeserklärung.
Theodor Fontane (1819-98), dt. Erzähler

Man muss manchmal von einem Menschen fortgehen, um ihn zu finden.
Heimito von Doderer (1896-1966),

Die Liebe ist eine Reise in gänzlich neues Leben.
Ernst Bloch

So viel ist sicher: Reisen tut immer gut.
Voltaire

Nur aufs Ziel zu sehen, verdirbt die Lust am Reisen
Friedrich Rückert (1788 - 1866)

Nichts ist dem Interesse so zuwider als Einförmigkeit, und nichts ist ihm so günstig, als Wechsel und Neuheit. Daher macht das Reisen so vieles Vergnügen, weil mit den immer wechselnden Standorten auch die Ansichten der Natur immer wechseln, und daher hat überhaupt das Leben ein so hohes Interesse, weil es gleichsam eine große Reise ist und weil jeder Augenblick etwas Neues herbeiführt, eine neue Ansicht zeigt oder eine neue Aussicht eröffnet.
Heinrich von Kleist (1777 - 1811)

Was er ist und was er war, das wird uns erst beim Abschied klar.
Autor unbekannt

Fremd ist in der Fremde nur der Fremde.
Karl Valentin (1882 - 1948)
Meistens hat, wenn zwei sich scheiden, einer etwas mehr zu leiden.
Wilhelm Busch (1832-1908), dt. Schriftsteller, Maler

Abschied - Die innigste Weise menschlichen Zusammenseins.
Hans Kudszus (1901-77), dt. Schriftsteller u. Aphoristiker

Mancher hinterläßt eine Lücke, die ihn ersetzt.
Pearl S. Buck (1892-1973), amerik. Erfolgsautorin, 1938 Nobelpr. f. Lit.

Ein Abschied verleitet immer dazu, etwas zu sagen, was man sonst nicht ausgesprochen hätte.
Euphemia von Adlersfeld (1854-1941), dt. Schriftstellerin

Niemals geht man so ganz, irgendwas von mir bleibt hier. Es hat seinen Platz - immer bei dir.
Trude Herr (1927-91), dt. Sängerin u. Schauspielerin

Füge dich der Zeit, erfülle deinen Platz und räum ihn auch getrost: Es fehlt nicht an Ersatz!
Friedrich Rückert (1788-1866), dt. Dichter

Der Abschied von einer langen und wichtigen Arbeit ist immer mehr traurig als erfreulich.
Friedrich von Schiller (1759-1805), dt. Dichter

Der ist reich, dem das Leben die Abschiede schwer machte.
Alfred Grünewald (1884-1942), östr. Lyriker, Stückeschreiber u. Aphoristiker

Ich gehe zwar, aber ich verschwinde nicht.
*Martin Bangemann (*1934), dt. Politiker (FDP),
1984-88 Bundeswirtschaftsminister.*

Ich schätze seine völlige Abwesenheit sehr.
William Shakespeare (1564-1616), Dramatiker

Ein Abschied schmerzt immer, auch wenn man sich
schon lange darauf freut.
Arthur Schnitzler (1862-1931), östr. Schriftsteller

Einen richtigen Abschied erkennt man daran, dass
er nicht mehr weh tut.
Hans Noll (*1954), dt. Schriftsteller u. Grafiker

Klug ist, wer stets zur rechten Stunde kommt, doch
klüger, wer zu gehen weiß, wann es frommt.
Emanuel Geibel (1815-84), dt. Dichter

Alle Veränderungen, sogar die meistersehnten, haben ihre Melancholie. Denn was wir hinter uns lassen, ist ein Teil unserer selbst. Wir müssen einem
Leben Lebewohl sagen, bevor wir in ein anderes
eintreten können.
Anatole France (1844-1924), eigtl. Jacques
François *Anatole Thibault, frz. Dichter*

Es ist besser, den Abschied zu nehmen, wenn viele
Menschen noch sagen: "Schade!"
*Hildegard Hamm-Brücher (*1921), dt. Politikerin
(FDP)*

Inwiefern sind Minister und Pantoffeln sich oft gleich? Man gewinnt beide erst dann lieb, wenn sie abgetreten sind.
Moritz Gottlieb Saphir (1795-1858),
öst. Feuilletonist, Satiriker u. Kritiker

Wenn ein Freund weggeht, muss man die Türe schließen, sonst wird es kalt.
Bertolt Brecht (1898-1956),
dt. Dramatiker u. Dichter

Reisen ist in der Jugend ein Teil der Erziehung, im Alter ein Teil der Erfahrung.
Francis Bacon (1561 - 1626)

Von dem, was du erkennen und messen willst, musst du Abschied nehmen, wenigstens auf eine Zeit. Erst wenn du die Stadt verlassen hast, siehst du, wie hoch sich ihre Türme über die Häuser erheben.
Friedrich Nietzsche (1844-1900), dt. Philosoph

Wenn ein Esel auf Reisen geht, wird er nicht als Pferd zurück kommen.
Thomas Fuller (1608 - 1661)

Unter Tausenden findet man kaum einen, der mit seinem Exempel bezeugen kann, dass man durch reisen klug werde. Die übrigen bringen entweder eine größere Torheit oder Arglistigkeit oder nichts Besonderes mit sich in ihr Vaterland zurück.
Christian Thomasius (1655 - 1728)

Mancherlei man profitiert.
Glücklich kann sich jeder preisen,
wem solch' Los zuteile wird."
Albert Lortzing, deutscher Komponist
(1801 - 1851) („Undine")

Wird man wo gut aufgenommen, muss man ja
nicht zweimal kommen.
Pius Alexander Wolff (1782 -1828)

O, wie köstlich ist das Reisen.
Unbekannt

Reise ist ein Mittel, sich für die Welt zu bilden oder
wissenschaftlich Erkenntnis zu befördern. Daher
sind Reisen in der Cultur wie in der
Literaturgeschichte von großer Bedeutung.
Die ReaI-Encyclopädie oder Conversations-Lexikon
(1810)

Es gibt kein sichereres Mittel festzustellen, ob man
einen Menschen mag oder nicht, als mit ihm auf
Reisen zu gehen.
Mark Twain (1835 - 1910)

Alle Reisen haben eine heimliche Bestimmung,
die der Reisende nicht ahnt.
Martin Buber (1878 - 1965)

Wenn ich im Ausland bin,
will ich mich nicht zuhause fühlen.
George Bernhard Shaw (1856 - 1950)

Entwirf den Reiseplan im Großen und lass Dich im Einzelnen von der bunten Stunde treiben. Die großen Sehenswürdigkeiten, die es in der Welt gibt – sieh sie Dir an.
Kurt Tucholsky (1890 - 1935)

In Hamburg lebten zwei Ameisen,
die wollten nach Australien reisen.
Bei Altona auf der Chaussee,
da taten ihnen die Beine weh.
Und da verzichteten sie weise
dann auf den letzten Teil der Reise.
Joachim Ringelnatz (1883 - 1943)

Wann immer ich auf reisen gehe, nehme ich ein schönes weiches Kissen mit. Das allein macht den Unterschied zwischen Komfort und Missvergnügen.
Agatha Christie (1891 - 1970)

Die Bevölkerung des Landes ist dazu angehalten, dem Reisenden und nächtigenden Fremden den lieblicheren Teil ihres Wesens nicht vorzuenthalten.
Aus einem Aufruf der Kärntner Landeregierung, 1891

In Die Reise ist der Mai, der alles neu macht.
Thomas Mann (1875 - 1955)

In unserer Zeit des Massenelends und der Massenprosperität wird gereist wie nie zuvor: Alles flieht, wird verschickt oder reist anderweit in die Ferien.
Sigismund von Radeki (1891 - 1970)

Zwei Tendenzen reißen heut` den Menschen hin und her: Die nach dem Eigenheim und die nach dem Reisen. Doch in Wirklichkeit gehören beide zusammen. Denn zum rechten Reisen gehört erst recht ein geliebtes Heim, wie zum Nähen der Knoten. Hinaus in die Ferne hat Heimat zur Voraussetzung. Sonst bleibt das doch bloß Ortsveränderung.
Sigismund von Radeki (1891 - 1970)

Das muss schon ein gewaltiger Zwang zum Reisen sein, der heute soviel Räder und Flügel und Reiseindustrien geschaffen hat. Zwar ist dieses Reisen die populärste Form von Glück, aber auch Ausdruck der Unzufriedenheit: Wem` s gut geht der will nicht fort.
Sigismund von Radeki (1891 - 1970)

Reisen ist die Sehnsucht nach dem Leben.
Kurt Tucholsky (1890 - 1935)

Die besten Reisen, das steht fest,
sind die oft, die man unterlässt.
Eugen Roth (1895 - 1976)

Der Urlaub ist erholsam meist,
nicht nur für den, der in ihm reist,
auch den, der dableibt freut die Schonung,
die er geniest in stiller Wohnung.
So zählen zu den schönsten Sachen
oft Reisen, die die andern machen".
Eugen Roth (1895 -1976)

Man sollte nur die leisen Rassen
und nicht die lauten reisen lassen!
Eugen Roth (1895 -1976)

Wir reisen in der Welt herum,
als wär' sie ein Panoptikum.
Eugen Roth (1895 - 1976)

Weiß nicht woher, weiß nicht wohin –
Mich wundert's, dass ich fröhlich bin.
So sagte einst der Wandersmann.
Wer heute reist, oft sagen kann:
Weiß nicht woher, weiß nicht wozu –
Mich wundert's, dass ich's trotzdem tu.
Eugen Roth (1895 - 1976)

Toren bereisen in fremden Ländern die Museen,
Weise gehen in die Tavernen.
Erich Kästner (1904 - 1974)

Das schönste Teil einer Reise wird daheim erlebt:
teils vorher, teils nachher.
Sigmund Gaff (1898 - 1979)

Jede Reise ist wie ein eigenständiges Wesen;
keine gleicht der anderen.
John Steinbeck (1902 - 1968)

Wird's reisen leicht – vergesst das nicht! –
Verliert's auch inneres Gewicht.
Eugen Roth (1895 - 1976)

Ich möchte' nicht alte Streite wecken:
Das Flugzeug taugt für weite Strecken.
Von etwa tausend Meilen an,
kann wie ein Vogel eilen man.
Sonst muss zu lange warten still,
wer landen oder starten will.
Eugen Roth (1895 - 1976)

Wir kleinen Reisenden von heute,
was sind wir doch für arme Leute!
Genötigt durch die Welt zu rennen,
von der uns meistens Welten trennen."
Eugen Roth (1895 - 1976)

Das wichtigste Stück des Reisegepäcks ist und
bleibt ein fröhliches Herz.
Hermann Löns (1866 - 1914)

Man reist stets von etwas weg und zu etwas hin,
zum Beispiel aus dem Alltag in die Ferne.
Sigismund von Radeki (1891 - 1970)

Jeder Urlaub ist eine kleine Kündigung!
Frank Geist

Reisen ist das einzig taugliche gegen
die Beschleunigung der Zeit.
Thomas Mann (1875 - 1955)

Passagen zum Himmel und zur Hölle bucht man im
selben „Reisebüro"
Upton Beall Sinclair (1878 - 1968)

Du musst in Deiner Gegend alles holen, denn von der Reise kommst Du leer zurück.
Gottfried Benn (1886 - 1956)

Die Reise und nicht das Ziel ist von Bedeutung.
T.S. Elliot (1888 - 1965)

Einem nur erfüllt die Brust,
Jugendmut und Reiselust.
„Reisen", rief er, „welch Genuss!"
Jeder Jüngling reisen muss.
Zwar ist die Welt sehr schön,
so von weitem angeseh'n.
Doch von allen Seiten droht
Krankheit, Hunger, Frost und Tod.
Und die Mutter weinet leise:
„Unterlass' doch diese Reise".
Sophie von Adelung
(„Maikäfer auf Reisen", 1890)

Urlaubslieben sind wie lokale Weine; mit nach Hause gebracht, ist man von ihnen enttäuscht.
Unbekannt

Warum reisen?
An den meisten Stellen reicht das Wasser bis zum Meeresgrund.
*Stefan Wittlin,(*1961), Schweizer "Medicus-Canis", Kynologe-Hundetherapeut, Tierpsychologe, Buchautor und Kolumnist*

Auch im Ausland hat die Woche 7 Tage.
*Stefan Wittlin, (*1961), Schweizer "Medicus-Canis", Kynologe-Hundetherapeut, Tierpsychologe, Buchautor und Kolumnist*

Reisen sind am schönsten,
wenn man sich daran erinnert
*Gerald Dunkl, (*1959), österreichischer Psychologe und Aphoristiker*

Manche Menschen packen die Oberflächlichkeit des Alltags mit ins Reisegepäck. Sie nehmen sie mit in die letzten, verlassensten Winkel der Erde. Bis an Orte, die neue Gedanken in ihnen hochkommen lassen sollten, um sie zu erneuern. Nicht einmal dort, wo die Besinnung förmlich nach ihnen schreit, vor ihnen steht und sie einlädt, ihr Gast zu sein, wollen sie sich hingeben und zuhören, was das leise Flüstern ihnen zu sagen hat. Würden sie sich die Zeit nehmen, würden sie erkennen, dass das Flüstern der Besinnung ein Echo aus ihnen selbst ist!
Warum reisen sie eigentlich an solche Plätze?
*Irina Rauthmann, (*1958), deutsche Aphoristikerin und Lyrikerin*

Manche benehmen sich im Urlaub,
so, wie sie sind... und weil sie keiner kennt.
*Oskar Stock, (*1946), deutscher Schriftsteller und Aphoristiker*

Die einzigen, die heute noch im Öl schwimmen, sind die Strandurlauber.
*Prof. Dr. med. Gerhard Uhlenbruck, (*1929), deutscher Immunbiologe und Aphoristiker*

Reisefertig:
Erschöpfungszustand nach Urlaubsreise.
Timm Bächle, Bankkaufmann

Die wichtigsten Reisen im Leben jedes Menschen sind die vom Ich zum Du.
Ernst Ferstl, österreichischer Dichter und Aphoristiker

Viele träumen davon, am Strand zu liegen; was früher das Schicksal von Schiffbrüchigen war.
*Walter Ludin, (*1945), Schweizer Journalist, Redakteur, Aphoristiker und Buchautor*

Ferien ist eine anstrengende Beschäftigung, die
man erst zu genießen beginnt,
wenn sie vorbei sind.
Unbekannt

Kompromiß zwischen Zivilisation und Natur.
*Walter Ludin, (*1945), Schweizer Journalist, Redak-
teur, Aphoristiker und Buchautor*

Bürger: "Fährst Du bald in den Urlaub?"
- Nein, denn woanders versäume ich auch nichts...
*Elmar Kupke, (*1942), deutscher Aphoristiker und
Stadtphilosoph*

Urlaub kommt von erlauben: Man erlaubt sich zu
träumen, und man träumt von dem, was man sich
erlauben kann.
*Prof. Dr. med. Gerhard Uhlenbruck, (*1929), deut-
scher Immunbiologe und Aphoristiker*

Gegen Zielsetzungen ist nichts einzuwenden,
sofern man sich dadurch nicht von interessanten
Umwegen abhalten lässt.
Oscar Wilde

Der Unterschied zwischen Existieren und Leben
liegt im Gebrauch der Freizeit.
Aus den USA
Die gefährlichste Sache auf der Welt ist die Über-
querung eines Abgrundes in zwei Sprüngen.
Lloyd George

Es gibt Menschen, die machen Urlaub
oder machen Arbeit...
Erhard H. Bellermann
eig. Erhard Horst Bellermann, dt. Bauingenieur,
Dichter, Aphoristiker u. Buchautor,

"Nur im Urlaub gibt es die ewige Liebe für vierzehn
Tage." –
Uschi Glas

"Es ist eine andere Welt, in der man zwischen
»Freiheit« und »Freizeit« nicht unterscheiden
kann, »Gesellschaft« sagt und »Zielgruppe« meint,
von einem »Konzept« spricht und nicht einmal eine »Idee« besitzt, von einer »Idee« spricht und
nicht einmal einen Einfall hat." –
Roger Willemsen, Deutschlandreise

Wenn ich Mediziner wäre, würde ich jedem Menschen Urlaub verschreiben, der seine Arbeit für
bedeutend hält. [Bertrand Russell]

Reise in ein fernes Land, in eine andere Kultur ist
nicht nur Interesse an dem, sondern es ist eine
Flucht für kurze Zeit, aus einer Realität in einen
Traum.
Petra Tränkner

Fliehende sind immer auf dem Laufenden.
*Stefan Schütz,(*1964), deutscher Notat-Verfasser,*

Heimat entsteht nicht durch Abgrenzung, sondern durch Verbundenheit, durch Anteilnahme und durch Mitwirkung.
Moritz Leuenberger, Schweizer Bundespräsident

Kein Zweifel, dass es mich krabbelt, bald wieder südwärts auszufliegen. Allein bleibend dorthin zu flüchten? Nein und dreimal nein; dem Maler mag das wohlbekommen, uns andern nicht. Dagegen hin- und zurückkreisen, je eher und je öfter um so lieber, mit festen Wurzeln in der Heimat, das ist gute Medizin.
Carl Spitteler, (1845 - 1924), Schweizer Dichter

Ich gehe langsam in den Laubengängen und zwischen den Wiesen hin und kann den Fuß auf keine Stelle setzen, die nicht vor langer, langer Zeit, oder vor einer noch nicht fernen, ein mir teurer Mensch betreten hat. Sie alle haben den dankbaren, fruchtbaren Boden unserer Heimat geliebt, und wenn ich über ihn hinschreite, umgeben sie mich, die Erbin dieser Liebe, sie mir ins Dasein, ich ihnen in den Tod getreu. Die Erinnerung knüpft ihre feinen, starken Fäden, tragt mir liebe Bilder, liebe Worte zu.
Marie Freifrau von Ebner-Eschenbach, (1830 - 1916), österreichische Erzählerin, Novellistin und Aphoristikerin

Sprichwörter über das Reisen

Der Ursprung vieler Sprichwörter ist in der Bibel sowie bei lateinischen Autoren zu finden, die oft durch Martin Luthers Übersetzung Eingang in die deutsche Sprache fanden. Viele Sprichwörter sind im Laufe der Zeit verändert, vermischt und oft auch inhaltlich weiterentwickelt worden. Diese Fortentwicklungen sind in der Forschung noch nicht hinlänglich aufgearbeitet worden.
Die Lebenserfahrungen unserer Ahnen stecken in vielen dieser Sprichwörter.

Sterblicher! Wenn du für dein Glück sorgen willst, so ändere oft deinen Aufenthalt,
denn die Süßigkeit des Lebens besteht im Wechsel
– stehendes Wasser wird faul!
Orientalisches Sprichwort

Erst such' dir einen Gefährten, dann begib' dich auf die Reise.
Fernöstliches Sprichwort

Steigst du nicht auf die Berge,
so siehst du auch nicht in die Ferne.
Fernöstliche Sprichwörter

In der Ferne einen alten Freund zu treffen,
ist wie labender Regen nach langer Trockenheit
Chinesisches Sprichwort

Erholung tut Leib und Seele wohl.
Deutsches Sprichwort

Reisen macht einen jungen Mann an Erfahrungen alt.
Chinesisches Sprichwort

Schicke den Sohn, den du am liebsten hast, auf Reisen.
aus Indien

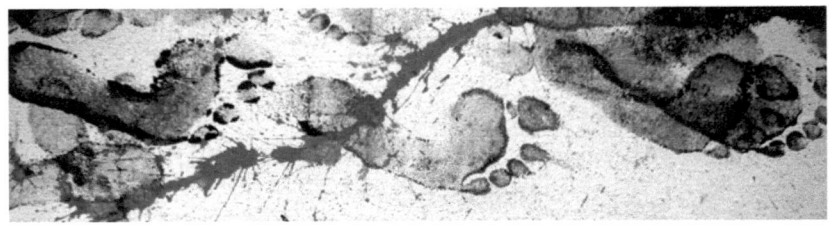

Je öfter du unterwegs fragst, wie weit du noch zu gehen hast, umso länger wird dir der Weg erscheinen.
aus Australien

Es ist nicht jeder ein Apostel, der hingeht in alle Welt.
Deutsches Sprichwort

In jedem Urlaub werden Millionen Deutsche zu Ausländern.
Kalenderspruch

Wer große Reisen unternimmt,
bringt große Lügen heim.
aus Spanien

Wir sind im Unterwegs zu Hause.
Unbekannt

Jeder ist Ausländer, fast überall.
Volksmund

Ist das einer von uns oder ein Fremder?
So überlegen nur Schwachsinnige!
Aus Indien

Lange Reisen, lange Lügen.
Aus Spanien
Man empfängt die Leute nach ihrem Kleide und
entlässt sie nach ihrem Verstand.
Deutsches Sprichwort

Bedenke, dass jemand, der an deine Tür klopft,
vom Himmel geschickt sein könnte.
Altirischer Segenswunsch

Vergiss nie deine Heimat, wo deine Wiege stand,
man findet in der Fremde kein zweites Heimatland.
Aus einem Poesiealbum

Begibst du dich auf die Reise, so berate dich mit
den Alten; kehrst du von der Reise zurück,
so erfahre Neuigkeiten von den Kindern.
Aus Vietnam

Gastsein ist gut. Heimkommen ist besser.
Aus Gabun

Auch die längste Reise beginnt mit dem ersten
Schritt. Genieße ihn - schon auf dem zweiten wirst
du straucheln!
Aus China

Nur im Vorwärtsgehen gelangt man ans Ende der
Reise.
Sprichwort der Ovambo

Man weiß nicht, was man an der Heimat hat,
bis man in die Ferne kommt.
Deutsches Sprichwort

Fern vom Haus ist nah beim Schaden.
Deutsches Sprichwort

Übrigens: Mancher fährt nur deshalb ins Ausland,
um sich darüber zu ärgern, dass es dort nicht so ist
wie zu Hause.
Kalenderspruch

Ungeladener Gast ist eine Last.
Deutsches Sprichwort

Der Gast, und sei er noch so schlecht,
er wird geehrt, es ist sein Recht.
Unbekannt

Das Beste, was man vom Reisen
nach Hause bringt, ist die heile Haut.
Persische Redensart

Das Reisen will und eines lehren,
das schönste bleibt stets heimzukehren.
Spruch

Reisen kostet Geld, doch man sieht die Welt.
Sprichwort

Das Beste gegen Sonnenbrand?
Ferien im Sauerland!
Kalenderspruch

Abschied ist immer ein wenig Sterben.
Aus Frankreich
Fremde sind vielleicht Freunde,
die wir heute noch nicht kennen...
aus Irland

Wenn du jedesmal stehen bleibst, wenn ein Hund
bellt, wirst du deine Reise nie beenden.
Arabisches Sprichwort

Mögest Du warme Worte an einem kalten Abend
haben, Vollmond in einer dunklen Nacht
und eine sanfte Straße auf dem Weg nach Hause.
Irischer Segenswunsch

Und wenn wir die ganze Wlt durchreisen, um das
Schöne zu finden: Wir müssen es in uns tragen,
sonst finden wir es nicht.
Ralph Waldo Emerson

Im Abschied ist die Geburt der Erinnerung.
Dt. Sprichwort

Verlasse das Fest, wenn es dir am besten gefällt.
Aus Italien

Möge dein Weg dir freundlich entgegenkommen.
Möge die Sonne dein Gesicht erhellen.
Möge der Wind dir den Rücken stärken
und der Regen um dich herum die Felder tränken.
Möge der gütige Gott dich in seinen Händen halten.
Aus Irland

Weglaufen ist eine Schande, aber oft sehr nützlich.
Aus Ungarn
Wenn man keine Heimat hat, kann man auch keine
verlieren.
Ein Obdachloser

Wo der Has auf die Welt kommt, da bleibt er.
Deutsches Sprichwort

W Wer in allen Gassen wohnt, wohnt übel.
Deutsches Sprichwort

Wer die Heimatberge nicht liebt, kann auch fremde
Täler nicht lieben.
Aus dem Kaukasus

Ein feiges Volk hat keine Heimat.
Aus Ungarn

Nicht wo du die Bäume kennst, wo die Bäume dich kennen, ist deine Heimat.
Aus Sibirien

Wo du weg willst wenn du älter wirst und zurück willst wenn du alt bist, das ist "Heimat".
Sprichwort

Liest eine Frau im Auto die Karte, entdeckt man mehr von der Stadt als mit einem Navigationssystem.
Unbekannt

DER PAPAGEIFISCH

Eine Urlaubsgeschichte von Elisabeth Schöffl-Pöll

Tom und Tina genießen ihre Urlaubsreise auf Lanzarote, der östlichsten und niedrigsten der Kanari-
schen Inseln, in vollen Zügen. Sie lustwandeln nun
schon eine Woche lang in der Haupt- und Hafenstadt Arrecife. Thomas, wohlbeleibt, ein echter Wiener Heurigenbesucher, der nicht untergehen will,
zumindest, was das leibliche Wohl anbelangt, hat
nur ein Ziel im Auge. Er schwärmt seit Jugendtagen
von einem Papageifisch, den er sich hier auf Lanzarote genehmigen wird: ein ganzer, also unzerteilter
Fisch, mindestens sechzig Zentimeter lang, für sich
ganz alleine. Ein Traumgenuss, wie ihn seine
Freunde, die vor ihm auf Lanzarote urlaub gemacht
hatten, in den schillerndsten Farben beschrieben
hatten.
Im Geist sah sich Tom bereits an einem hübsch
gedeckten Tisch in einem der ansprechenden Ha-
fenlokale sitzen, eine weiße Serviette um den Hals,
mit Wohlgefühl einen holzgegrillten, olivenfetttrie-
fenden halbmeterlangen Papageifisch verzehrend,
dazu ein passender Weißwein erlesener Qualität.
Da weder Tom noch Tina Spanisch sprechen, war
es ihnen bisher nirgends gelungen, ihren Wunsch
verständlich auszudrücken. Immer wieder brachte
man ihnen trotz entsprechender Mimik und Gestik
lediglich portionierten Fisch. Tom wollte aber wie
ein trotziges Kind justament seinen Wunsch verwirklicht sehen, mämlich einen Papageifisch im

Ganzen zu essen. Die Preise waren niedrig, er konnte sich den Fisch leisten, einmal, mehrmals täglich.
Er freute sich darauf, ja er lechzte danach, er
sprach seit einer Woche kaum noch von anderem.
Das Spiel jedoch wiederholte sich von Mahlzeit zu
Mahlzeit. Das Ergebnis war jedes Mal das Gleiche:
Man servierte ihm Portionen. Er wies mit dem Zei-
gefinger auf Abbildungen an der Fensterscheibe,
die einen korallenfressenden Seepapagei in schil-
lernder Pracht zeigten, mit schnabelartigem Kiefer
und breiten Schlundzähnen, er redete mit Händen
und Füßen. Das Ergebnis – Portionen.
Tom geriet zuerst in Ungeduld, dann in Wut, später
in Raserei. Tina genoss nun die Urlaubsreise nicht
mehr. Schließlich siegte über alle Gefühle der Ärger
über seinen und seiner Begleiterin Mangel an
Fremdsprachenkenntnissen.
In einem entzückenden einheimischen Hafenlokal
sprach endlich der Inhaber gebrochenes Deutsch.
Tom war glücklich. Er stürzte auf ihn zu, schüttelte
ihm die Hand, umarmte ihn, erzählte von seinem
großen Wunsch und den bisher gescheiterten Versuchen.
Der Gastronom hörte sich die Geschichten anschei-
nend einfühlsam an und nickte offensichtlich ver-
ständnisvoll, klopfte Tom freundschaftlich auf die
Schulter und zog ihn schließlich in einen Kühlraum,
in dem sich ein Aquarium befand, in welchem unter
anderem stattliche Papageifische schwammen. Tom
zeigte auf einen sechzig Zentimeter langen Fisch,
den er auf seinem Teller haben wollte, koste es,

was es wolle – und selbstverständlich im Ganzen.
Diensteifrig nickte der Lokalbesitzer.
Tom wartete auf dem ihm zugewiesenen Tisch mit
weißem Tischtuch, das Wasser rann ihm schon im
Mund zusammen.
Endlich kam der Kellner mit dem Serviertablett, auf
dem – zwei Teller mit Fischstücken thronten, wenn-
gleich - zugegebenermaßen hübsch garniert – und
vom Papageifisch.

Reisemuffel

Ein Studienkreis für Tourismus hat in seiner Reise-
analyse 1984 untersucht, warum ca. 45 %der Mit-
teleuropäer im Urlaub zu Hause bleiben.
Diese große Gruppe führt ein Mauerblümchenda-
sein. Niemand kümmert sich um sie, weder die
Medien, noch die Gewerkschaft, noch die Kirche.
Von diesen Nichtreisenden sind 28 % noch niemals
in ihrem Leben auf Reisen gegangen. Weitere 29 %
sind seit 15 Jahren nicht auf Urlaubsreise gewesen.
Bei 23 % liegt die letzte Reise ein Jahr zurück.
*) 25 % verreisen nur jedes zweite Jahr
*) 13 % machen nur alle 2 bis 3 Jahre Urlaub.
*) 62 % bekennen, dass sie im Urlaub normalerwei-
se zu Hause bleiben.

Warum bleiben diese Menschen zu hause?
Gründe für das Daheim bleiben:
*) Für 51 % ist es selbstverständlich der Mangel an
Geld.
*) 17 % können wegen diverser Krankheiten nicht
reisen.
*) 15 % haben familiäre oder Altersgründe.
*) 12 % haben wenig Interesse an Reisen.
*) 12% geben „die Kinder" als Hindernis an.
*) 7% Belastung durch den Beruf.
*) 3% wollen ihr Geld lieber für andere Dinge aus-
geben.
*) 3% allgemeine wirtschaftliche und persönliche
berufliche Unsicherheit

Diese Nichtreisenden müssen aber nicht in jedem Fall auch Nichturlauber sein. Sie können sich auch in den eigenen vier Wänden erholen, vielleicht sogar besser als manche wirkliche Touristen. Spazierengehen, Sport, Schlafen, Schwimmen, kleine Ausflüge, Kultur, Sonnenbaden sind auch für diese die beliebtesten Aktivitäten.

Aber es ist nicht so einfach sich zu Hause zu erholen. Viele Arbeiten, Hobbies, Gewohnheiten müssen ignoriert werden.

Dafür erspart man sich den ganzen Urlaubsstress (Belastung der Umwelt durch die Verkehrsmittel, Stau auf der Autobahn, Ärger in der Reisegruppe, Probleme mit dem Quartier,...)

Ganz selten war mein Urlaubsquartier schöner und besser als mein Zuhause.

Warum also in den Urlaub fahren? Das Internet und das Fernsehen bringen uns die ganze Welt nach hause.

Wenn da nur nicht das Fernweh wäre. „Wem Gott will rechte Gunst erweisen, den schickt er in die weite Welt."

Die Welt bewegt sich – schon sehr sehr lange

Unsere Erde dreht sich in 24 Stunden um sich selbst, in jedem Jahr rast sie in 150.000.000 km Entfernung um unsere Sonne und mit der Sonne rast sie um das Zentrum unserer Milchstrasse. Aber noch nie zuvor haben sich so viele Menschen auf ihr und in ihr so viel und zu gleicher Zeit bewegt: auf Reisen, beruflich, aber auch aus Angst,

Not und aus Hoffnung auf ein besseres Leben. Menschen reisen und jetten, sie ziehen um und ziehen weg, sie wandern aus und ein: mit neuen Aufgaben und Zielen, neugierig und gespannt, erzwungen und gezwungen, oder als letzter Ausweg zum Überleben.

Völkerwanderung, Flucht, Deportation, Enteignung, Aussiedlung, Ausweisung, Verbannung, Umsiedlung, Ausbürgerung, Vertreibung, Expatriierung. Der Begriff Völkerwanderung bezeichnet allgemein eine Wanderbewegung, bei der eine große Zahl Menschen aus einer Volksgruppe oder eine ganze Volksgruppe in ein anderes Gebiet umsiedelt. Die Gründe dafür können sehr vielfältig sein, in der Regel sind verschlechterte Lebensbedingungen ausschlaggebend.

In der historischen Forschung wird unter dem Begriff *Völkerwanderung* im engeren Sinne die Wanderbewegung vor allem germanischer Völker im Zeitraum vom Einbruch der Hunnen nach Ostmitteleuropa 375/376, die damit eine Fluchtbewegung anderer Völker in diesem Raum auslösten, bis zum Einfall der Langobarden in Italien 568 verstanden.

Deportation, zwangsweise Verschickung von Menschen, einzeln oder in größerer Anzahl, aus ihren Wohnsitzen in vorbestimmte Aufenthaltsorte. Deportationen gab es in Österreich zur Zeit Maria Theresias aus Glaubensgründen (Protestanten nach Siebenbürgen oder in das Banat), während des 1. Weltkriegs aus den Frontgebieten in Italien und Galizien sowie während der NS-Zeit in Konzentrationslager oder zur Arbeitsleistung aus besetzten Gebieten nach Deutschland und Österreich.
Ständig sind Millionen Menschen auf der Flucht oder werden vertrieben. Auch dies eine Form des Reisens.

Reisewitze

Im Eilzug erwischt der Schaffner einen Schotten ohne Fahrkarte. Nach einem erregten Wortwechsel verliert der Beamte seine Geduld, packt den Koffer des Reisenden und brüllt; "Wenn Sie nicht augenblicklich zahlen, werfe ich Ihren Koffer aus dem Zugfenster!" Darauf schreit der Schotte auf und rauft sich die Haare: "Erst wollen Sie mich arm machen und jetzt auch noch meinen einzigen Sohn töten?!?"

Ein Reisender zum Bahnhofsvorsteher: "Wie lange hält der Zug?" "Wenn Sie ihn pflegen –
ca. 20 Jahre."

Kommt ein Herr ins Reisebüro. "Ich möchte gern mal nach Paris fahren. Schöne Mädchen... Sie verstehen schon! Was, meinen Sie, ist die beste Zeit dafür?" "Nun, versuchen Sie es, ehe Sie sechzig werden. Nachher ist es nicht mehr so toll!"

Ferien in der Südsee
Ein Ehepaar aus München beschloss, eine Woche Ferien in der Südsee zu verbringen, um für kurze Zeit dem eisigkalten Winter in Deutschland zu

entfliehen. Weil beide berufstätig waren, hatten sie unterschiedliche Abflugtermine. Also ergab es sich, dass er am Donnerstag abreiste und sie ihm am nächsten Tag folgte.

Angekommen, wie geplant, bezog der Ehemann das Hotelzimmer. Sofort nahm er seinen Laptop, um seiner Frau in München eine e-mail zu schreiben. Unglücklicherweise ließ er einen Buchstaben in ihrer e-mail-Adresse aus und versendete die Nachricht, ohne den Fehler zu bemerken...

In Hamburg kam gerade eine frischgebackene Witwe von der Beerdigung ihres Gatten. Ein treuer Staatsdiener, der durch eine Herzattacke ehrenvoll heimgerufen wurde.

In Erwartung von Anteilnahme aus Freundes- und Bekanntenkreisen prüfte sie ihre E-mails. Während sie die erste Nachricht las, fiel sie ohnmächtig zu Boden.

Der Sohn der Witwe eilte in das Zimmer, sah seine Mutter auf dem Boden liegen und blickte auf den Bildschirm:

To: Meiner geliebten Frau

From: Deinem nun getrennten Mann

Subject: Bin angekommen !

Eben bin ich angekommen und hab schon eingecheckt.

Ich sehe, dass alles bestens vorbereitet ist, für Deine Ankunft morgen.

Freu mich schon, Dich zu sehen!

Hoffe, Deine Reise ist genauso angenehm, wie meine war.

PS: Verdammt heiß hier unten!

Reisen im Mittelalter
Zu Fuß, zu Pferd, mit der Kutsche

Der Schaffner geht durch den Zug, öffnet jedes Abteil und ruft hinein: "Meine Damen, in einer halben Stunde beginne ich mit der Fahrkartenkontrolle. Fangen Sie langsam mal an zu suchen!"

Ein Hotelgast ruft beim Nachtportier an: "Ich habe eine Maus im Zimmer!" Darauf der Portier: "Das macht doch nichts, die Dame kann sich auch noch morgen früh anmelden!"

Ein Bayer und ein Ami stehen vor dem Hofbräuhaus. Der Ami will ein Gespräch beginnen, holt seine Zigaretten aus der Tasche, hält sie dem Bayern hin und fragt: "Smoking?" Der Bayer lacht aus voller Brust. "Na, dös is a Trachtenanzug, oba lustig seid's, Ihr Amis."

Tourist zur Dame an der Rezeption: "Ein Zimmer, bitte schön." - "Möchten Sie eines mit Badewanne oder eines mit Dusche?" Der Mann ist knapp bei Kasse. Deshalb erkundigt er sich: "Was ist der Unterschied?" Die Empfangsdame pikiert: "Unter der Dusche müssen Sie stehen."
Beim Frühstück sagt die schwäbische Wirtin zum Gast: "Sieht nach Regen aus!" Darauf der Gast: "Ja, aber man merkt, dass es Kaffee sein soll."

Na, Schmidtchen, wie war's im Urlaub?" "Ich habe mich wie zu Hause gefühlt."
"Sie Ärmster - aber manchmal hat man wirklich Pech im Urlaub.

Zwei Nachbarn treffen sich. Der eine zum anderen: "Hallo Otto, ich habe gehört, du warst in Australien." "Keine Ahnung, ich habe erst gestern die Filme zum entwickeln gebracht!"

Was war dein schönstes Erlebnis im Skiurlaub?" "Als der Gips endlich wieder runter kam..."

Die Hochzeitsreise ist der erste Versuch, der Ehe-Realität zu entgehen.
Der Lord führt eine Gruppe Touristen durch sein Schloss. Einer der Besucher hat eine außerordentliche Ähnlichkeit mit dem Lord. "War Ihre Mutter vielleicht einmal Stubenmädchen bei uns?", fragt der Adelige herablassend. Nein erwidert der Besucher, "Aber mein Vater hat vorübergehend als Gärtner im Schloss gearbeitet."

Ich habe gehört, ihr fahrt dieses Jahr doch nicht nach Argentinien'?" "Das ist ganz falsch! Nicht nach Argentinien sind wir im letzten Jahr gefahren. Dieses Jahr fahren wir nicht nach Hawaii!"

Der Fremdenführer an den Niagarafällen zur japanischen Reisegruppe: "Jede Minute stürzen hier Millionen Liter Wasser hinab, und wenn Sie mal kurz den Mund halten, hören Sie es sogar rauschen!"

Heinz, hast du eigentlich schon Urlaubspläne gemacht?" "Nein, wozu ? Meine Frau bestimmt, wohin wir fahren, mein Chef bestimmt, wann wir fahren und meine Bank wie lange wir fahren."
Im Himmel wird der diesjährige Betriebsausflug geplant. Man weiß aber nicht so recht, wohin man fahren soll. Erste Idee: Betlehem. Maria ist aber dagegen. Mit Betlehem hat sie schlechte Erfahrungen gemacht: Kein Hotelzimmer und so. Nein, kommt nicht in Frage. Nächster Vorschlag: Jerusalem. Das lehnt Jesus aber ab. Ganz schlechte Erfahrungen mit Jerusalem!! Nächster Vorschlag: Rom. Die allgemeine Zustimmung hält sich in Grenzen, nur der Heilige Geist ist begeistert: "Oh toll, Rom! Da war ich noch nie!'"

3 Mathematikstudenten und 3 Physikstudenten fahren Zug. Die Physikstudenten haben 3 Fahrkarten, die Mathematiker nur eine. Als der Schaffner in die Nähe kommt, gehen die drei Mathematiker auf eine Toilette, dieser klopft, die Fahrkarte wird unter der Tür durchgeschoben und abgestempelt zurückgeschoben. Bei der nächsten Zugfahrt haben die Physiker auch nur eine Fahrkarte gekauft, die Mathematikstudenten jedoch gar keine. Bei herannahen des Schaffners gehen die Physiker auf eine Toilette, die Mathematiker auf die andere. Kurz bevor der Schaffner bei den Toiletten angekommen ist, geht einer der Mathematiker zu der anderen Toilette, klopft, und bittet um die Fahrkarte...
Was lernen wir daraus? Die Physiker wenden mathematische Verfahren an, ohne sie wirklich zu verstehen.

Bücher aus unserer „Edition Dichtermühle"

Elisabeth Schöffl-Pöll:
Räuberhauptmann Grasel/Volksballade/Mundart/€ 12
Ein Kind vom Manhartsberg/Erzählungen/€ 15
allESPalette/Weinviertler Lesebuch + CD/€ 25
Seit Wilhelm Szabo sind die Freiheit im Dorf und die Dorfangst nicht mehr so eindringlich ins Bild gefasst worden.
Paul Wimmer zu Klatschmohn rot rot rot/NÖ Kulturberichte.

Otto J. Schöffl:
Mühlen im Wandel am Beispiel Schmidatal/€ 28
Mühlen im Wandel am Beispiel Göllersbach/€ 28
Mühlen im Wandel am Beispiel Pulkautal/€ 28
Weinseligkeiten (Weinsprüche)/€ 10
Geld regiert die Welt (Geldsprüche)/€ 10
Liebesleitfaden(Sprüche zu Partnerschaft und Ehe)/€10
Der Hollabrunner „Mühlenprofessor" hat sich auf Spurensuche begeben und unter der Headline„Mühlen im Wandel" schon eine reich bebilderte Trilogie über die einst so romantisch klappernden Mühlen an den Bächen im Weinviertel verfasst. Gunter Hirschkorn

Bücher erhältlich:
EDITION DICHTERMÜHLE
Waldweg 37, A 2020 Hollabrunn,
Tel/Fax 02952/30024
schoeffl.dichtermuehle@aon.at